Biblioteca de Derecho Civil

Filippo Viglione
(Director)

Carlos Antonio Agurto Gonzáles
Sonia Lidia Quequejana Mamani
Benigno Choque Cuenca
(Coordinadores Generales)

Otto von Gierke
Profesor de la Friedrich-Wilhelms-Universität
(Alemania)

Las raíces del contrato de servicios

Ediciones Olejnik

Título: Las raíces del contrato de servicios

Revisión de la traducción
Luis M. Marcano Salazar y equipo

© Ediciones Olejnik
Huérfanos 611, Santiago - Chile
E-mail: contacto@edicionesolejnik.com
Web site: http://www.edicionesolejnik.com

Primera edición en Ediciones Olejnik: 2020

ISBN: 978-956-392-821-1

Diseño de Carátula: Ena Zuñiga
Diagramación: Luis A. Sierra Cárdenas

Impreso en Argentina 2020 Printed in Argentina

ÍNDICE

LAS RAÍCES DEL CONTRATO DE SERVICIOS

El «contrato de servicios» del derecho actual ha perdido totalmente su parentesco esencial con la *locatio conductio operarum* del Derecho Romano, bajo cuyo esquema fue concebido en la jurisprudencia romanista desde la época de la Recepción, hoy en día nos es extraña la idea de que el contrato de servicios y el de arrendamiento de obra correspondan al mismo concepto genérico que el arrendamiento de cosas. Si bien, el Derecho común y los pandectistas se han mantenido hasta los últimos tiempos en esta posición, las grandes codificaciones alemanas han roto con ella desde hace mucho[1]. El Code Civil, naturalmente, sigue hasta hoy el sistema romano[2]. Por el contrario, los códigos alemanes en conjunto han renunciado al concepto de arrendamiento de servicios y a su vinculación con el arrendamiento de cosas, partiendo del concepto genérico de contrato de trabajo remunerado que subsume tanto el contrato de servicios como el de obra. La fama de este hecho precursor permitió al derecho común prusiano regular el contrato de servicios bajo la rúbrica general de «contratos sobre actividades»[3]. El Código austríaco lo trata en el apartado que dedica a «los contratos sobre prestaciones de servicios»[4]. El Código sajón le otorga independencia bajo la denominación técnica de «contrato de servicios»[5].

---

1 Basta con remitir a Windscheid, parágrafos 399-402, quien todavía en la 9.ª edición trata unitariamente «el arrendamiento» y solamente distingue en cuanto a las «obligaciones», el «arrendamiento de cosas» (parágrafo 400) y el «arrendamiento de servicios» (parágrafo 401). Más tarde, Kipp, con el fin de incluir en este sistema las clasificaciones del Derecho Civil, ha distinguido entre arrendamiento, contrato de servicios y contrato de obra.

2 Code civ., III, T. 8: *Du contrat de Louage;* ch. 1 a. 1708-1712: *Dispositions genérales;* ch. 2 a. 1713-1778: *Du Louage des choses;* ch. 3 a. 1779 sq.: *Du Louage d'ouvrage et d'industrie;* aquí nuevamente apartado 1 a. 1782-1786: *Des Voituriers par terre et par eau,* apartado 3 a. 1787-1799: *Des Devis et des Marches;* finalmente, ch. 4 a. 1800 hasta 1831 (!): *Du Bail à chentel.*

3 Preuss. A.L.R., I, 11, parágrafos 869 y sigs. En los parágrafos 894 y sigs., se trata del concepto general de contrato de servicios, mientras que el contrato de obra está regulado en los parágrafos 925 y sigs.

4 Österr. A.B.G.B., parágrafos 1151 y sigs., trata conjuntamente el contrato de servicios y el de obra como «contrato de salario».

5 Sächs. G.B., parágrafos 1229-1242 (al respecto, los parágrafos 1243-1253, que tratan del «contrato de servidumbre».

De la misma manera procede el Derecho suizo de las obligaciones[6]. El Código Civil alemán ha seguido estos modelos, eliminando definitivamente las últimas huellas de apoyo de los contratos remunerados de trabajo en el concepto y en el derecho del arrendamiento de cosas[7].

Al excluir el concepto romano de arrendamiento de servicios, se pone de manifiesto en la legislación su incompatibilidad con el moderno concepto del trabajo. Este se nos presenta como actividad de la personalidad libre. Se lo debe valorar por el ordenamiento jurídico solo como tal y no como un bien susceptible de ser cedido en uso. ¿Puede decirse que el concepto de contrato de servicios, independizado bajo estas condiciones, constituye una nueva creación? o, por el contrario, lo que ocurre ¿es que sigue enraizado en el viejo derecho patrio, que en sus ideas fundamentales ha permanecido vivo frente al derecho extranjero, imponiéndose finalmente sobre éste?

La historia del contrato de servicios del Derecho alemán todavía no ha encontrado una exposición de conjunto como la que Rothenbücher nos ha brindado respecto de la del contrato de obra[8]. Pero, pese a todo existen profundas investigaciones sobre las especies particulares del contrato de servicios durante la Edad Media. Los resultados de tales investigaciones son suficientes para deducir un cuadro general del proceso de desarrollo. Y si bien no es posible hablar de una eliminación de las lagunas de estas investigaciones, en este ensayo puede mostrarse, a grandes rasgos, que en realidad, el moderno contrato de servicios ha surgido en histórica continuidad de gérmenes jurídicos alemanes.

Sabido es que la *locatio conductio operarum* del Derecho Romano ha nacido de un desgajamiento del arrendamiento de cosas. Su punto de partida fue el arrendamiento de esclavos, que se consideró como la cesión de animales de trabajo a cambio de una prestación en dinero en el mismo sentido que los arrendamientos de cosas. A partir del momento en que es posible encontrar personas libres dispuestas a trabajar por una remuneración, éstas aparecen alquilando su propia fuerza de trabajo, que, de la misma manera que los esclavos, es puesta a disposición de otro. De este modo, el concepto de la *locatio conductio operarum* se conformó como un contrato análogo al del arrendamiento de cosas. Por este motivo, sin embargo, tal concepto solo fue utilizable siempre y cuando se tratara del tipo de trabajo prestado por esclavos. El que presta su trabajo por una remuneración se caracteriza asimismo como un reemplazo del trabajo de esclavos y consecuentemente como un bien material. El trabajo digno de un hombre libre se prestaba sin remuneración. Pero la retribución

---

6 Schweiz. O.R. a. 338-349, nuevo a. 319-362.

7 Los preceptos del B.G.B. sobre el contrato de servicios (parágrafos 611-630) no contienen remisión alguna al derecho de los arrendamientos. La vigencia de disposiciones obligatorias objetivamente concordantes, se explica porque en ambos casos se trata de relaciones de carácter duradero.

8 K. ROTHENBÜCHER, *Geschichte des Werkvertrages im deutschen Recht;* Unters. z.D.St. -und R. - Gesch., vol. 87, Breslau, 1906.

voluntaria no le quitaba el carácter de trabajo libre. Incluso, cuando se rompió con el principio de la no retribución del trabajo de las profesiones de mayor jerarquía, éste fue sustraído del derecho de la locación. A estos fines se utilizó la figura de la aceptación del mandato con promesas de honorarios, que si bien no daba lugar a ninguna *actio*, podía hacerse valer por la vía de la *cognitio extraordinaria*[9].

También en el Derecho alemán, el trabajo, en la casa, era cosa de personas no libres. No cabe duda de que los no libres podían alquilarse para la realización de trabajos tanto como venderse o darse en prenda, De esto quedan huellas en el Derecho gótico occidental[10] y al parecer también en el Derecho lombardo[11]. Pero no solo en tales contratos, que difícilmente pudieron tener un papel significativo, es donde hay que buscar el modelo del contrato de servicios del Derecho alemán.

El contrato de servicios del Derecho alemán tiene sus raíces, por el contrario, en el derecho de personas. Su precursor es el contrato de servicio fiel cuya forma más antigua está representada por el que concluían los hombres del séquito con el señor del mismo y que se encuentra más tarde, desde el tiempo de los francos, en múltiples configuraciones diversas como *Kommendation*. El contrato de servicio fiel consiste en la propia entrega a la prestación de un servicio sin sacrificio de la personalidad. El hombre del séquito, el *antrustio*, el vasallo, el *Muntmann*, mantiene su libertad. La autoconstitución en servidumbre es el contrato opuesto al contrato de servicio fiel, que crea derechos y deberes para ambas partes.

El contrato de servicio fiel, sin embargo, es un contrato del derecho de personas y no un contrato de obligaciones. Esto pone ya de manifiesto la forma de su concertación: de palabra y dándose la mano.[12] El servidor de confianza presenta las manos atadas en señal de su entrega personal al poder del señor, y éste en prueba de la aceptación de aquél bajo su protección, lo

---

9 Cfr. LÖWENFELD, *Inästimabilität und Honorierung der artes liberales nach rom. Recht*, Münchener Festgabe für Planck, 1887, pág. 363, y sigs.; *Gutachten aus dem Anwaltstande zum Entw. des B.G.B.*, pág. 858 y sigs.; PERNICE, *Ztschr. f. R.G.*, XVII, R.A., pág. 242 y sigs.; WINDSCHEID-KIPP, parágrafo 404, notas 2-3; ENDEMANN, *B.R.*, 8, I, parágrafo 172.

10 *L. Visigoth*, XI, 3 c., 3-4. A los *transmarini negotiators* se les prohíbe llevar a su patria *(in Locis suis transferre)* sirvientes domésticos en calidad de *mercenarii;* si tal comerciante acepta un sirviente doméstico solo *pro vegetando commercio*, entonces *det pro beneficio ejus solidos tres per annum unum, et nihilominus impleto placito servum domino reformare cogetur* (confr. DAHN, *Westgoth. Studien*, pág. 106).

11 *Ed. Roth*, 152. En este lugar parece tratarse solo del arrendamiento de trabajo no libre y parece determinarse cuándo corresponde indemnización al señor en caso de muerte o lesión, por parte del arrendatario o de un tercero. LAMPRECHT, W. L., en M.A.I., 1157, núm. 10, lo cita como ejemplo de un contrato de trabajo libre en la época de los francos, remitiéndose también a c. 144-145, en donde, de todos modos, se hace referencia a contratos de trabajo libre pero probablemente solo en tanto sean contratos de obra.

12 Cfr. mi ensayo sobre *Shuld und Haftung im alteren deutschen Recht*, Unters, z. D. St.-u. R.-G. H. Vol. 100, Breslau, 1910, pág. 133, notas 9-14, y las citas allí contenidas.

toma rodeándole con sus propias manos. El señor daba al servidor de confianza en prueba de retribución duradera una dádiva que al ser aceptada por el servidor se constituía en expresión de su obligación irrevocable. La aceptación verbal de ambas partes coronaba en una recíproca promesa de fidelidad reforzada por parte del servidor mediante un juramento o voto y prestada por el señor sin ninguna forma especial. De esta manera, el contenido esencial del contrato está dado por la creación de una unión duradera (en el caso del vasallaje por toda la vida), que se lleva a cabo entre personas. En este sentido se trata de un contrato similar a los que son propios del Derecho de familia, dado que también aquí surgió de una creación contractual del parentesco de la casa señorial y, originariamente, estuvo unido a la aceptación en la comunidad de la casa. Se trata de la conclusión de un contrato dentro de la relación jurídico-personal del señor y el servidor. Este contrato le otorga al señor poder de ordenar y castigar y a su vez la obligación de proteger y representar. El servidor queda sometido a una limitación de su libertad por la que está obligado a la obediencia y a la prestación del servicio, al mismo tiempo que obtiene derecho a la protección y a la representación. Todos los derechos particulares recíprocos, así como todos los deberes, emanan de la situación jurídica personal creada por el contrato. Tal circunstancia se pone de manifiesto ante todo, en el hecho de que ellos confluyen en un concepto central unitario que los abarca y penetra. Se trata de la fidelidad. También el deber de fidelidad es recíproco. Aquello que el servidor debe hacer u omitir frente al señor le está prescrito por la lealtad. Asimismo, el comportamiento del señor frente al servidor viene determinado por la lealtad del señor[13].

Si por estas razones el contrato de servicio fiel no es un contrato obligacional, tampoco puede decirse que sea un contrato de servicio en el sentido actual. Simplemente ocurre que abarca en sí los elementos de un contrato de servicios como componentes no independientes, dado que de la relación jurídico-personal por él creada surge una relación obligacional de carácter duradero que, por una parte, obliga a la prestación de servicios y, por otra, garantiza una retribución. Y ambas obligaciones se apoyan en la asunción contractual de la promesa y en los casos particulares son susceptibles de determinación y delimitación mediante acuerdos. La promesa de prestación de servicios está contenida en la promesa de fidelidad del que se pone a las órdenes de otro realizándose a menudo en forma específica[14]. La especie del servicio a prestar surge de la situación jurídica en la que se encuentra el obligado a la prestación. De la reserva de libertad se deduce que en todo caso no

[13] Sobre las causas que dan origen en el derecho franco al poder señorial del señor sobre los vasallos, cfr. Cap. Francica c. 8 I 215, Cap. Aquisgran, c. 16 I 172, Brunner, A. G. II 273, Mi ensayo sobre *Shuld und Haftung,* pág. 135, notas 7-8. Sobre la reciprocidad de la lealtad del señor y sus hombres en el derecho feudal, cfr. Sachsenspiegel III, 84, parágrafo 2 y III, 78, II, F. 26 parágrafo 24.

[14] El *antrustio* promete *trustem* (servicio de séquito), *et fidelitatem;* Marculf, 1, 18. En las encomendaciones de vasallaje se promete junto a la lealtad *obsequium et servitium; Waitz,* V. G. IV, 272, nota 2; Roth, Feudal, pág. 212; Brunner, II, 269, nota 68.

puede exigirse un servicio incompatible con la libertad. A veces se formula expresamente la reserva de que solo se está obligado a cumplir *ingenuili ordine*[15]. De todos modos, pueden prometerse también determinadas prestaciones particulares de servicios. Como retribución del servicio, el señor promete originariamente manutención, costos y vestimenta, y según el caso, caballo y armamento, y mediante esta entrega da cumplimiento parcial o solo una seña simbólica con cuya aceptación el servidor queda obligado irrevocablemente a su promesa[16]. En la medida en que más tarde desapareció la aceptación en la comunidad familiar, la retribución consistió en el *beneficium* dado por el señor para uso y utilidad. La contraprestación por el servicio se caracteriza por el hecho de que la cesión a otro del servidor determina la ruptura del servicio fiel[17].

Por lo tanto, y evidentemente, el contrato de servicio fiel cumplía, con creciente difusión, la función de un contrato de trabajo remunerado. Fue precisamente lo que introdujo en la vida jurídica como complemento del trabajo no libre, el trabajo remunerado de base contractual y libre. Fueron fundamentalmente los servicios de alta jerarquía aceptados mediante retribución, los que pudieron llevarse a cabo a través de los contratos de servicio fiel: servicios militares y cortesanos, incluyendo el servicio personal del señor que siempre fue considerado por los germanos como muy honroso, pero también se incorporaron rápidamente los servicios de funcionarios de las más diversas especies. De todos modos, la tipología del contrato de servicio fiel no se limitaba solamente a las *Kommendationen* de séquito y vasallaje. Personas pertenecientes a los estados más bajos se encomendaron asimismo bajo tutela libre obligándose naturalmente a la prestación de servicios de la menor relevancia[18]. Y en la medida en que la falta de libertad de los niveles más altos se debilita hasta convertirse en mera sujeción personal, entrando finalmente a ocupar el lugar de la negación, la mera disminución de la personalidad para la gente propia, el darse en servidumbre se transformó en un contrato bilateral, que de acuerdo con la especie del contrato de servicio fiel no solo fundamentaba el deber de prestar el servicio sino también la pretensión de remuneración[19]. Sin

15 Form. Turon. 43 M. G. LL. V 158.

16 La circunstancia de que una pequeña dádiva pueda considerarse como arras, como lo sostiene EHRENBERG, loc. cit., pág. 60 y sigs., y no como «wadia» como lo hace BRUNNER II, 272 y sigs., surge del Cap. Aquisgran. 801-813, c. 16, I, 172, según el cual el vasallo como receptor está obligado frente al Señor, *postquam ab eo accepit valente solido uno;* cfr. *Schuld und Haftung,* pág. 133, nota 3, así como pág. 134, nota 6 y pág. 345 y sigs. —la responsabilidad del vasallo por la recepción de la dádiva se corresponde con la del señor surgida de la recepción de las manos; ib. idem., pág. 135, nota 7.

17 Cfr., por ejemplo, FREISINGER URK, v. 807-810 en «Bitterauf I», 230 No. 257 (también en LOMSCH-SCHRÖDER-PERELS, URK. zur Gesh. des deutschen Privatrechts, 1912, No. 34). Brunner II, 253, 268.

18 Esto presupone, evidentemente, la Form. Tum. 43. Presumiblemente pertenece también a ella el *ingenuus in obsequio* mencionada en la 1. Rib. 31, 1; cfr. BRUNNER, II, 273, nota 92.

19 Un punto de apoyo para esta afirmación se encuentra ya en la autoconstitución en servidumbre contra el pago del precio de venta por la libertad enajenada; Form. Andecav.

embargo, era posible que en la situación de dependencia acordada voluntariamente fueran afectados la especie y la medida del servicio a prestar y de la retribución acordada[20]. En la mayoría de los casos el contrato de servicio se acercaba a la autoconstitución en la ministerialidad que en no raras ocasiones se llevaba a cabo desde la época de las levas de servidores no libres de los caballeros por los completamente libres. Esto contribuyó a que también el especial *ministerium* u *officium* trasladado a los servidores no libres fuera concebido cada vez más como un servicio funcionarial retribuido. Paulatinamente se fue produciendo un acercamiento de los trabajos no libres más bajos al trabajo libre remunerado.

En el transcurso de la Edad Media el contrato de servicio fiel propiamente dicho desapareció como tal. En parte, se convirtió en un contrato feudal de derechos reales, pero en parte también en un contrato de servicio del derecho de las obligaciones. En ambos casos, sin embargo, se virtió su contenido jurídico personal en la nueva conformación.

Por un lado, el contrato de servicio fiel propio de los vasallos se incorporó, a consecuencia de la formación del Derecho feudal, como un negocio jurídico del derecho real. En efecto; la fusión del vasallaje con el *Benefizialwesen* tuvo lugar de una manera tal que la relación del comodato de bienes o derechos se convirtió en la base de la vinculación jurídico-personal entre el hombre y el señor. De acuerdo con ello, la fundamentación del *Lehnsgewere* apareció como el contenido primario, y la creación de una relación de servicio fiel, como un elemento componente condicionado y dependiente del acto de investidura feudal[21].

Sin embargo, la conexión jurídico-personal continuó siendo una pieza esencial de tal investidura y fue ejecutada, lo mismo que con anterioridad, según la vieja forma de la *Kommendation,* mediante mano y tutela. De modo similar, el negocio jurídico real del comodato, en la medida en que tuvo lugar una cierta cosificación de la relación de servicios en virtud de un comodato de servicios o del derecho de la corte, absorbió en sí, un acto dirigido a un vínculo jurídico personal de lealtad.

19, página 10. Ello se presenta con toda claridad en la autoconstitución en servidumbre de prenda, en la medida en que en ésta se acuerde que el valor de los servicios prestados deben computarse en la disminución de la deuda; cfr. *Schuld und Haftung,* pág. 68, nota 76.

20 Cfr., por ejemplo, los Urk de 1037-1052, en Philippi, Osnabrüker Urkb. 120, No. 139 (también en LOERSCH-SCHRÖDER-PERELS, No. 79) donde el donante de un predio que se constituye en «lite» y ha jurado fidelidad no solo recibe el predio como *beneficium,* sino que además se le promete como salario por su *servitium,* precisamente determinadas prestaciones naturales anuales, reservándose también *specialiter* «quod nullus episcopus neque allia aliqua persona eum coget ire in expeditionem aut in curtem regiam». Si el obispo o su corregidor incumple el contrato, debe retrotraerse todo al comienzo.

21 Según el derecho feudal alemán y lombardo, el hombre puede liberarse de todas sus obligaciones personales mediante la rescisión de la relación feudal. De acuerdo con el *säch lebr,* 3, solo se jura al señor fidelidad y amor, *die wile dat be sin man mesen wille und sin gut hehhen wille!*

Por otro, sin embargo, el contrato de servicio fiel se transformó en un contrato del derecho de las obligaciones. Esta metamorfosis se cumplió tan pronto como el contenido primario del contrato tuvo la forma de una promesa de prestación de servicios frente a la contrapromesa de remuneración. En este proceso, de ninguna manera desapareció el contenido jurídico personal del contrato de servicio fiel. Tal contrato fundamentó, antes y ahora, la posición jurídica del señor y el servidor. A través del mismo, el señor tenía a la persona del servidor bajo su poder, mientras que el servidor tenía una pretensión de protección y representación a través del señor. Asimismo, el contrato conectaba a ambas partes a través de una doble relación de confianza, con obligaciones individuales. Sin embargo, la subordinación jurídico-personal, así como la posición dominante, no constituía el fundamento, sino la consecuencia de la relación de servicio. Ella surgía del contrato obligacional directamente dirigido a la prestación de servicio remunerado y se daba solo en tanto en cuanto la relación de servicio era su causa. De esta manera nació el contrato de servicios del Derecho alemán. Se trata de un contrato nacido como una especie propia del contrato obligacional que tiene al mismo tiempo efectos jurídicos personales[22].

Las fuentes documentan desde el siglo XIII el contrato de servicios domésticos como la más vieja y completa configuración del contrato de servicios[23]. Tal contrato aparece inmediatamente en su forma definitiva. Sin embargo, se perciben en él ya los rasgos característicos que, en lo esencial, definieron el derecho del servicio doméstico en el *Sachsenspiegel*. Su antigüedad exacta nos es desconocida. De todos modos, el contrato de servicios domésticos es más moderno que el servicio personal libre. En efecto; el camino seguido originariamente —incorporar al libre en una comunidad ajena como servidor— era la autoconstitución bajo la tutela del señor de la casa. En el concepto del servicio doméstico personal libre se incluye ciertamente, desde los tiempos más antiguos, al miembro del séquito personal. Durante siglos las *Kommendationen* representaron el nivel más bajo de salario de los libres bajo tutela empleados en el servicio doméstico. Evidentemente, a partir del tiempo posterior a los francos —no es posible, de todos modos, determinarlo a partir de las fuentes— tuvieron lugar atenuaciones y flexibilizaciones en los contratos de *Kommendationen*, mediante los cuales, una persona libre se obligaba al servicio doméstico sin enajenar su libertad para siempre. Presumiblemente el desarro-

---

22 En el Derecho inglés, el contrato de servicios no llegó a transformarse en un contrato obligacional en sentido propio. Básicamente, permaneció como contrato jurídico-personal entre *master and servant* y fue tratado como un caso de aplicación de la tutela, juntamente con el matrimonio, la filiación, la tutela de menores en la categoría de los *rights in private relations,* fuera del derecho de las obligaciones. HEYMANN, en *Holtzendorff-Kohlers Enzykl,* I, 831.

23 G. HERTZ, *Die Rechtsverhältnisse des freien Gesindes nach den deutschen Rechtsquellen des M. A,* Unters, z. D. St. —u. R. G., H. 6, Breslau, 1789. O. Könnecke, Rechtsgeschichte d. Gesindes in West— u. Süddeutschland, 1912. Cfr., también LOENING, Vertragsbruch, pág. 458 y sigs., Sickel, Bestrafung des Vertragsbrucht, págs. 96 y sigs.

llo fue paulatino y tuvo lugar a diversos niveles. El resultado último, sin embargo, fue el contrato de servicio doméstico, que no niega las huellas de su origen en el contrato de servicio fiel y que, sin embargo, está basado en el derecho de las obligaciones.

De las fuentes se deduce claramente que el contrato de servicio doméstico era concebido, ya en la Edad Media, como contrato obligacional. Su contenido esencial conforma la fundamentación de una relación obligacional recíproca por la que una parte se obliga al servicio y la otra a remunerarlo. Agudamente señala el bajo derecho Imperial: *Eyn iclich man, dem Got beschert, dar er bat gesinde, beide magede und Kuechte, der enhat Keyn recht uber sie nit dan alz vil als im ir dienst gevellet um sinen lon*[24]. De este modo aparece la conclusión de un contrato de servicio doméstico mediante la promesa de obligaciones recíprocas, o sea, la promesa de servicio y retribución[25]. Solo la dádiva del señor, en forma de arras, se conserva de entre los elementos formales del contrato de servicio[26]. Por el contrario, no cabe hablar de una entrega simbólica de la persona, así como tampoco de la celebración de una promesa de fidelidad. El contrato no supone, como el contrato de servicio fiel, una obligación por toda la vida, sino que es celebrado por un término (por lo general, un año) y, una vez transcurrido, requiere renovarse en caso de continuación[27]. Con la conclusión del servicio se extinguía sin más todo vínculo jurídico entre las partes.

Únicamente con respecto a la duración de la relación obligacional, el contrato de servicio doméstico produce al mismo tiempo un fuerte vínculo jurídico personal[28]. Dado que este contrato, lo mismo que el de servicio fiel en su forma más antigua, determina la incorporación del servidor a la comunidad doméstica del señor, tal circunstancia le otorga rasgos propios del derecho de familia. El señor adquiere sobre el sirviente poder de mando y de corrección, pudiendo emplear para imponerse los medios coactivos adecuados, lo que incluía, en la mayoría de los casos, el castigo corporal. Pero el señor quedaba también obligado al cuidado del sirviente, y debía otorgarle junto al salario, habitación, mantenimiento y costos, así como prestarle el cuidado correspondiente en caso de enfermedad y, por último, protegerlo frente a terceros y representarlo. El señor respondía en considerable medida por el sirviente, de

---

[24] Kl. Kaiser, 2, 28 Cfr., Hertz, loc. cit., pág. 5.

[25] Sobre esto, es decir, en el sentido de que por «prometido» no debe entenderse aquí una promesa de fidelidad normal; cfr., *Schuld und Haftung*, pág. 231.

[26] Cfr., Hertz, pág. 11 y sigs.; Könnecke, loc. cit., págs. 414 y sigs.; al respecto, *supra* página 6 de mi numeración, nota 16. Las fuentes permiten afirmar con claridad que la responsabilidad obligatoria, que es producto del servicio doméstico, comporta el punto de partida con respecto a su promesa de servicio.

[27] Cfr. Glosa al Sachsensp. II, 32, parágrafo 1: *Die knechte (die dieser heyssen) die dienen umb Ion tzu eyner zeit tzu der ander [los sirvientes (que se llaman servidores), que sirven de tiempo en tiempo]*. La Glosa al II, 33, excluye por completo un vínculo por toda la vida, pues *wenn so dis wer, so wer eynen seyn reyheit unnütz.*

[28] La documentación respecto a lo que sigue puede verse en Hertz, *loc. cit.*, págs. 30-63, Könnecke, págs. 239-323.

la misma manera que por otros miembros de la casa. El sirviente está sometido al poder doméstico; está obligado a obedecer y a honrar al señor, tiene que velar por sus intereses, defenderlo de daños, y debe comportarse decentemente. Sin embargo, las obligaciones personales particulares de ambas partes no se enumeran exhaustivamente y solo se concretan con mayor precisión en el derecho del servicio doméstico más tardío. En efecto; se trata de obligaciones derivadas de la relación total de derecho personal. Esta, sin embargo, encuentra su centro unitario en la recíproca relación de fidelidad, que constituye el criterio superior a partir del cual se regula el comportamiento del señor y del servidor. Las infracciones graves del deber contractual son las violaciones de la fidelidad y, como tales, constitutivas, de un ilícito punible. Esto rige especialmente para el abandono voluntario del servicio, pero también con respecto a la expulsión infundada de la casa. No cabe duda de que por todas partes el contrato de servicio doméstico pone de manifiesto efectos que ha tomado del viejo contrato de servicio fiel con su autoconstitución bajo tutela ajena. Una similitud sorprendente nos muestra la relación libre de servicio doméstico con la relación propia de los componentes del séquito que temporalmente es muy anterior, considerando esta última en su forma originaria. Por ello, difícilmente se trata de una casualidad la circunstancia de que emerja nuevamente la designación muy difundida de «servidor doméstico» *(Gesinde)*, para la nueva clase de servidores domésticos, dado que tal designación se usó anteriormente para los miembros del séquito[29]. Sin embargo, solamente se trata de un resto de la relación tutelar, pero no de una tutela en sentido técnico[30]. La tutela se debilita hasta quedar reducida al señorío que se ejerce dentro de la casa. El servidor personal no sufre una pérdida de su capacidad autónoma de acción, es independiente y no está sometido a la tutela del señor. De acuerdo con ello, los efectos jurídicos de la pertenencia a la casa del señor aparecen considerablemente restringidos. El mismo fenómeno puede percibirse también en la influencia del vínculo jurídico personal en los fundamentos y las consecuencias de la terminación de la relación de servicio[31].

Junto al contrato de servicio doméstico, se desarrolla en las ciudades, como un tipo especial, el contrato de trabajo industrial. Este contrato, recibió,

---

29 Sobre la denominación del séquito como servidor doméstico (significado fundamental: compañero de ruta o de viaje) entre los lombardos (gasindii), francos (gasindi) y anglosajones (gesidhas). Cfr. BRUNNER, R. G. I², pág. 188, sobre los Gasinden de la época de los francos, id. ídem. II, 260 y sigs. Presumiblemente, la denominación se ha mantenido siempre para designar a los servidores domésticos, mientras que en los demás su utilización fue reemplazada por la expresión *vassallus*. Sobre otras denominaciones, cfr. KÖNNECKE, pág. 241 y sigs. Es notable que ya la glosa del Ssp. II, 32, parágrafo 1 reemplazó el nombre de «sirviente» por el de «servidor» (dyener), dado que aquella expresión era aplicable también a *freie leute, die uns dienen* (gente libre que nos sirve). La glosa del Sachs. Weichb, a. 77 dice *fryknecht*.

30 Solo con reservas es posible coincidir con KÖNNECKE, página 239 y sgs., cuando éste apoya su exposición de todo el derecho de servicio doméstico en el concepto de tutela.

31 Cfr. HERTZ, pág. 64 y sigs., KÖNNECKE, pág. 738 y sigs.

ante todo, como contrato entre el maestro y el oficial una regulación detallada en los estatutos gremiales[32]. En la medida en que el oficial ingresaba siempre en la comunidad doméstica del maestro, el contrato aparecía como una forma desarrollada del contrato de servicio doméstico. Una vez se hizo independiente de toda relación con la casa desaparecieron los rasgos del derecho de familia, pero mantuvo, sin embargo, rasgos jurídico-personales surgidos de la relación de dominio propia de la industria [33]. Otros contratos de trabajo industrial, de especie diferenciada pero de estructura similar, fueron los contratos con la tripulación de barcos[34] con trabajadores mineros[35] y con dependientes de comercio.

Los contratos de servicio que se referían a prestaciones de servicio militar son los concluidos en la Alta Edad Media con guerreros a sueldo, en los que se presenta con toda claridad su proximidad con el contrato de servicio fiel[36].

Al mismo tiempo, en las ciudades se celebraban contratos de empleo de funcionarios a sueldo que tenían carácter de auténticos contratos de servicio[37]. También en estos casos se los concebía como contratos del derecho de obligaciones, pero que daban lugar por el enclave del funcionario en los organismos de la administración de la ciudad, a una relación de fidelidad jurídico-personal que lo definía claramente.

Una vez surgido el concepto de contrato de servicio, se le quiso aplicar también a contratos de trabajo remunerados que no daban lugar a un enclave permanente del trabajador en la comunidad doméstica, industrial o política. De todos modos, siguió siendo esencial que la relación entre uno y otro contratante fuera subsumible por lo menos transitoriamente en la correspondiente al señor con el servidor. Tal era el caso, por ejemplo, en el supuesto de retribución diaria o en el traslado de determinados trabajadores artesanales a una

---

32 *Mi Genossenschaftsr,* I, 403 y sigs. SICKEL, *Vertragsbruch,* página 123 y sigs. SCHANZ, *Zur Geschichte der deutschen Gesellenverbände,* pág. 3 y sigs., 111 y sigs. Dejamos aquí, inconsiderado, el contrato de aprendizaje que no fue ni es un contrato de servicio.

33 Característico de la transformación es el reemplazo del nombre de *Knecht* (sirviente) por el de *Geselle* (oficial).

34 SICKEL, pág. 148 y sigs.; PAPPENHEIM, *Die geschichtliche Entwicklung des Seehandels und seines Rechts* (Schriften des Vereins für Sozialpolitik CIII 2), pág. 173 y sigs.; Nord. R.b.v. Amira, O.R., I, 645 y sigs., II, 780 y sigs.

35 SICKEL, pág. 141 y sigs.; MENZEL, *Z.f.d.P.u.ö.R.d.G.* XVIII, 494 y sigs.; OPET, *Z.f.Bergr,* XXXIV, 312 y sigs.; L. BENRHARD, *Die Entstehung und Entwicklung der Gedingeordnungen im deutschen Bergrecht* (Schmoller Förch, XV, 2), 1903. Al respecto, sin embargo, ZYCHA, V. J. *Schr. f. Sozial- u. Wirtschaftsgesch,* 1908, pág. 268 y sigs.

36 *Mi Genossenschaftsr,* I, 447 y sigs., II, 730. von MAURER, *Geschichte der Stätev,* I, 510 y sigs.

37 *Mi Genossenschaftsr,* II, 744, nota 166, v. MAURER, *loc. cit.,* III, 236 y sigs. IMMERWAHR, *Kündigung,* pág. 61 y sigs. En este sentido, con el escribano de la ciudad (Syndikus). Cfr., por ejemplo, URK, v. 1270, im Lüb. Urkdb, I, 303 y ss., de 1330 en SCHRIEBER, *Freiburger Urkdb,* II, 84 («cosa» anual). Pero también con maestros de fuentes de la ciudad (FREIBURG. URK. v. 1333, *loc. cit.,* 301). Maestros de obra (URK, v. 1399, id. idem, II, 359), médicos (LÜB, URKB, II, 1081), abogados (ROTHENBÜCHER, pág. 24), maestros de escuela (ib. idem., pág. 21), farmacéuticos, etc.

casa ajena bajo la dirección del señor de la casa[38]. Por el contrario, la aceptación de un trabajo independiente por un sueldo cayó bajo el concepto del contrato de obra. Pero el contrato de obra había sido construido desde hacía tiempo, antes que el contrato de servicios, como un contrato especial del derecho de las obligaciones, dirigido a la realización de una obra, con materia prima proporcionada al trabajador por la otra parte[39]. Tal contrato no fundamentaba una subordinación jurídica personal. Este contrato era concluido, ya en la baja Edad Media, por dependientes con terceros, mediando autorización del señor sin que se diera, por supuesto, la existencia de una relación de subordinación. De la misma manera, tampoco el trabajador manual libre se constituía en una situación de dependencia personal respecto a sus clientes por la aceptación de una obra remunerada. Lo mismo rige para los contratos de obra de artistas, maestros, abogados, etc[40]. Ciertamente, ya en la Edad Media, los límites estrictos entre contrato de obra y contrato de servicios se habían tornado algunas veces borrosos. Pero permaneció la oposición conceptual, determinada por las características típicas[41].

De esta manera, el contrato de servicios del derecho alemán demuestra en su rica ramificación, el carácter fundamental común de un contrato que, al mismo tiempo, crea pretensiones del derecho de las obligaciones a la prestación de un trabajo para una parte y de retribución para la otra, originando una relación personal entre el «señor» y el «servidor». No existe una relación

---

38 ROTHENBÜCHER, pág. 25.

38 ROTHENBÜCHER, pág. 5 y sigs.

40 Sobre los contratos con maestros constructores, aunque estuvieran condicionados por un sueldo temporal, también en este caso aparecen como contratos de obra, cfr., ROTHENBÜCHER, página 8 y sigs.; sobre contratos de educación, como contratos de obra, ib. idem., pág. 20 sigs.; sobre el contrato con abogados, como contrato de obra, ib. idem., pág. 21 y sigs.

41 También para el Derecho actual, en toda discusión sobre los límites, siempre hay que observar el hecho de que la oposición no solo se fundamenta históricamente sino también en el núcleo de la expresión de una diferencia profunda del orden social y económico. La función del contrato de servicios es la organización del trabajo mediante su inclusión en un conjunto dirigido por el señor; el contrato de obra es uno de los medios de utilizar el trabajo independiente para un tercero. Por ello, aquél es predominantemente un negocio de organización, mientras que éste es, en primer lugar, un negocio de intercambio. La obligación de trabajar surgida del contrato de obra se dirige al resultado de un trabajo que se independiza en forma objetiva como «obra», con respecto a la personalidad del trabajador. El que contrae la obligación de prestar un servicio es deudor de un «efecto» que permanece ligado a la personalidad y, por lo tanto, lo constituye en una situación de dependencia. También el empresario individual concluye un contrato de servicio cuando aporta su actividad a una empresa ajena, dado que él, en esta medida se despoja de su independencia. Esta circunstancia no excluye de ninguna manera, la subsunción del contrato de servicios y del de obra, bajo el concepto genérico del contrato de trabajo remunerado, especie bajo la cual caen también otros contratos. La generosa realización del concepto unitario del contrato de trabajo en la obra de LOTMAR (2 tomos, 1902 y 1908), constituye un hecho científico. Sin perjuicio de ello, LOTMAR no resuelve adecuadamente la cuestión de la oposición interna de los tipos contractuales, dado que fundamenta todo su sistema en la diferencia entre contrato remunerado a tiempo y a destajo.

de similitud interna con el arrendamiento de cosas. Ciertamente, la expresión «arrendamiento» se encuentra tanto en uno como en otro; se dice que el trabajador se «alquila» y que el señor lo «alquila». Pero la palabra «arrendamiento» no significa otra cosa que dádiva, precio, retribución. De esta manera arrendamiento tiene aquí el mismo significado que cuando en las fuentes se habla de «cosas por salario». El mismo sentido general tiene la expresión «paga» de tal manera que el salario por el trabajo tiene el significado de renta, en tanto ambos constituyen una «paga» y el cosificarse por un salario puede designarse también como hacerse pagar, y la cosa por salario, como paga. De todos modos, no puede hablarse de un arrendador y arrendatario del servicio, sino de que el que sirve se alquila y el señor lo alquila a él. Es la persona como tal la que se introduce y es aceptada en la relación jurídica[42].

Este contrato de servicios del Derecho alemán, que se fue convirtiendo cada vez más en la forma de vida de amplios sectores del pueblo, no pudo sucumbir ante el arrendamiento de servicios del Derecho romano. Si la teoría del derecho común quiso operar con este concepto jurídicamente extraño, esto no significa en realidad otra cosa que el revestimiento exterior de una figura jurídica patria. Las especies más importantes de contratos de servicios se rigen por un derecho especial que se transformó en varias oportunidades en el espíritu de la autoridad del Estado y cuya figura continuó desarrollándose, aunque expresando con mayor fuerza la parte jurídico-personal de la relación de servicios. En su forma más pura dentro del derecho patrio, está contenido en el contrato de servicios domésticos con aceptación en la comunidad doméstica, con respecto al que se dictaron en primer lugar numerosas prescripciones individuales policiales y, más tarde, una disposición especial que lo regía en su totalidad[43]. El contrato de servicios domésticos conserva su fisonomía del derecho de familia; el derecho prusiano lo incluyó en el propio derecho de familia[44]. La mayoría de las ordenanzas que

---

42 Cfr, Glosa al Ssp, II, 33: Unterscheyde diss: entzwer eyner vormytet sich selber oder sein arbeit. Vormiet ehr sein erbeyt, da magk er eynen anderen zuschicken. Vormyet ehr sich selber, so en darf er es bey pflicht nicht thun. (La diferencia es ésta: o bien uno se alquila a sí mismo o alquila su trabajo; si alquila su trabajo, entonces puede enviar a otro, pero si se alquila a sí mismo, entonces tiene el deber de no hacer esto). Sobre el uso del lenguaje en los contratos de obras, cfr. Rothenbücher, pág. 15 y sigs. Sin embargo, cuando este autor, en la página 20, estima posible que en el uso coincidente de expresiones para referirse al arrendamiento de cosas, al contrato de servicio y a la realización de una obra, se expresa una concepción jurídica primitiva, según la cual, los tres contratos aparecen como una unidad, cabe hacer notar que esta hipótesis se excluye ya por el diverso origen de estos contratos.

43 Sobre las diversas etapas del desarrollo, cfr., especialmente Könnecke, *loc. cit.*, pág. 27 y sigs., 239 y sigs., *Hedemann en* «Festgabe f. Dhan» (1905), I, 165 y sigs., Lennhof en Unters. z.D.St. u. R.G., H. 79 (1906), *Wuttke en Schmollers Forsch.* XII, 4 (1893); además, los Lehrb, *des deutschen Privatr*, y los derechos particulares, así como la exposición de conjunto de Suchsland, Käller, Neubauer u. A., de Birkenbihl y Lindenberg para Prusia, de Süskind para Hessen - Nassau (1908), etc.

44 Preuss, A. L. R., II, 5. Influencia en este ámbito la tuvo la teoría del derecho natural de la sociedad, según la cual, la familia aparece como el núcleo más estrecho en el que se reúne

lo regulan, mantienen hasta hoy la pertenencia del sirviente a la familia y si bien algunas ordenanzas del servicio doméstico del sur de Alemania, han roto últimamente con la concepción «patriarcal», en lo fundamental es evidente que, de todos modos, no han podido eliminar totalmente los efectos del Derecho de familia. Por lo demás, la significación jurídico personal del derecho del servicio doméstico, llegó a estar bajo la fuerte influencia del Derecho privado de los contratos, por disposición del Derecho público. Las prescripciones policiales y las instituciones que intervinieron durante un tiempo en forma profunda, en los últimos tiempos han experimentado una significativa reducción y perdieron la parcialidad con que se ocupaban solo de los intereses del señor, en favor de una consideración a la protección del sirviente; éstas existen, sin embargo, todavía hoy de alguna manera y otorgan al derecho del servicio doméstico rasgos especiales. También en el contrato de trabajo industrial, se ha desarrollado a partir de los gérmenes medievales, un rico derecho especial. Según éste, se pone de manifiesto el ingreso contractual de la persona en una comunidad profesional y solo las viejas ordenanzas de trabajo corporativo fueron reemplazadas lentamente por las regulaciones de la autoridad. Esto tuvo lugar con mayor firmeza en el ámbito del derecho minero[45]. En el derecho marítimo, aparece con características propias[46]. Igual tendencia siguió el derecho industrial en la regulación estatal de los contratos con los oficiales manuales, con los demás auxiliares de la industria y, finalmente, con los obreros fabriles. No es menor la incidencia del derecho comercial en la conformación de un derecho especial para los auxiliares de comercio en la misma dirección. Hay que tener en cuenta también la influencia benéfica que tuvo sobre la consideración de que fue merecedora la función jurídico personal del contrato de servicios, como consecuencia de sus vinculaciones con el derecho de funcionarios. Si bien, durante mucho tiempo, la relación del funcionario estuvo fundamentada en un contrato de derecho privado, que solo pudo construirse como una derivación del contrato de servicios, lo cierto es que exhibe todavía íntegramente los rasgos del viejo contrato de servicio fiel[47]. Cuando finalmente se reconoció naturaleza jurídico pública a la relación funcionarial, negándosele en la actualidad por parte de las opiniones correctas, naturaleza contractual, ello no fue sino una prueba de la capacidad del contrato de derecho privado de

la sociedad matrimonial, paterna y de autoridad *(societas herilis)*, cfr., *mi Genossenschaftsr*, IV, 323, nota 1, 490, nota 1. El derecho del LAND no renuncia, sin embargo, de ninguna manera, a la concepción del contrato de servicios como un contrato del derecho de las obligaciones, lo menciona por el contrario, expresamente en los parágrafos 894, I, 11.

45 Un resumen de las disposiciones del *Derecho minero*, en las que un «pensamiento social» ininterrumpido ha conformado las relaciones laborales, puede verse en MENZEL, *loc. cit.* (supra, nota núm. 35).

46 Cfr., especialmente PAPPENHEIM, *loc. cit.*, supra, pág. 48, nota 2, sobre *la transformación de la comunidad naval y su influjo sobre los contratos de embarque.*

47 Con perfecto acierto y ayudándose de su construcción del contrato de derecho público para explicar la relación del funcionario, señala LABAND la analogía de la *«Kommendation»*; Staatsr, d. deutsch. Reichs, I, 5, pág. 438.

servicios para crear una relación funcionarial privada, según la cual, se dio forma a la relación de los funcionarios del Estado y las municipalidades. ¿Qué significa frente a todo esto la afirmación de la doctrina del derecho común y de la praxis de que la *locatio conductio operarum* del Derecho romano sigue subsistiendo?

De esta forma, los códigos alemanes crearon su concepto independiente de contrato de servicios, rompiendo con el concepto romano y partiendo de la vida jurídica alemana que, con continuidad histórica, proporcionó la idea patria fundamental que permitió su desarrollo. Ciertamente que en sus prescripciones generales, estos códigos se limitaron a pocas disposiciones del derecho de las obligaciones, tomadas de múltiples derechos especiales, solo como un pobre esquema. Sin embargo, esto último era difícil de evitar si se quería abarcar todos los contratos de servicios con idénticas disposiciones. Solamente el código civil alemán pudo tener un contenido más rico, lo que logró concibiendo algunos preceptos especiales para aquellas relaciones de servicio, que se caracterizan por la duración, extensión a la actividad total o principal del trabajo por su singularidad o por la aceptación en la comunidad doméstica[48]. Y precisamente en tales disposiciones especiales se ponen de manifiesto los efectos jurídico personales del contrato de servicios. De cualquier forma, el Código alemán está todavía lejos de una codificación moderna del contrato de servicios, tal como la que el nuevo derecho suizo de las obligaciones se ha propuesto como meta[49]. Por el contrario, en los casos más importantes en que encuentra aplicación el contrato de servicios, se requiere completarlo mediante prescripciones imperiales y de los *Länder,* localizadas en numerosas leyes particulares, sobre todo en el Código de Comercio, la Ordenanza Industrial, la Ordenanza Naval, las Leyes mineras y las Ordenanzas de servicio doméstico. Solamente tomando todas estas normas particulares, es posible tener una visión de la esencia del contrato de servicios actual y de la significación jurídico personal predominante de este contrato del derecho de las obligaciones que es, para la gran mayoría del pueblo, fuente de trabajo y fundamento de su posición profesional.

Ciertamente, no ha podido superarse todavía un tratamiento jurídico coloreado por la concepción básica del Derecho romano, que ve en el contrato de servicios únicamente un contrato del derecho de obligaciones destinado solo al intercambio de trabajo y remuneración. Esta concepción avanzó triunfal-

---

48 El Proyecto I, que no fue más allá de las reglas del derecho de las obligaciones, partiendo de una analogía con el arrendamiento de cosas, en sus 8 parágrafos (559-566), fue desproporcionadamente escaso. Cfr., «mi escrito sobre el Proyecto», pág. 104 y sigs., 245 y sigs.

49 Sus artículos 319-361, rigen también para los contratos con sirvientes domésticos, con auxiliares industriales, trabajadores y aprendices, así como para otros empleados privados y contratos de servicios vinculados a prestaciones de trabajos científicos o artísticos por los que se perciben honorarios (a. 361). Solamente está exceptuado por la disposición contenida en (a. 362, 1), el derecho público de funcionarios, reservado a la legislación federal (a. 362, 2) sobre trabajo en las fábricas y en la industria.

mente cuando en el siglo XIX, al abandonarse la regulación policial-estatal de la relación de trabajo y la introducción de la libertad industrial, alcanzó éxito también una tendencia individualista, incluso en ámbitos jurídicos especiales. Al remitirse el contrato de trabajo a la libre contratación individual, se buscó al mismo tiempo un acercamiento, en lo posible, a un puro contrato del derecho de las obligaciones. Pero las consecuencias negativas que puso de manifiesto este sistema en el marco del moderno desarrollo de la gran empresa y de las crecientes oposiciones de clase, dieron lugar a una contracorriente social que condujo a una nueva ordenación de conjunto del contrato de trabajo en el espíritu del Derecho alemán rejuvenecido. De esta manera, la nueva legislación creó un Derecho del Trabajo, en el que a costa de la libertad contractual, obtuvieron sólida validez, la función organizativa-profesional del contrato de servicio, su valor personal y su fuerza comunitaria. Además, las asociaciones gremiales libres tomaron en sus manos la regulación de los contratos de trabajo y en considerable medida, crearon un derecho comunitario profesional. Frente a tales fenómenos, la teoría jurídica no debe cerrar los ojos. Tiene que reconocer que el contrato de servicios actual, de acuerdo con su esencia, enlaza contenidos del derecho personal y del derecho de las obligaciones, lo que le brinda una rica capacidad de desarrollo y tiene que dar cuenta de la enorme cantidad de conformaciones que presenta este elemento contractual. Pero a tales fines, la teoría jurídica estará mejor capacitada cuanto más vivamente se decida a tomar conciencia del pasado alemán del contrato de servicios. La idea germánica fundamental del contrato de trabajo que perdura todavía en nuestro derecho, pondrá de manifiesto su fuerza creativa en toda reconstrucción o nueva conformación que requiera la rígida oposición de la época.

No es éste el lugar de demostrar en detalle lo que acaba de señalarse. Solamente es preciso hacer indicaciones relativas a algunos puntos en los que el contrato de servicios del derecho actual revela sus orígenes en el Derecho germánico.

Gracias al influjo jurídico alemán ha tenido lugar una extensión conceptual del contrato de servicios con respecto al arrendamiento de servicios romano.

Esto se corresponde, por una parte, con el viejo derecho alemán, según el cual, el concepto de contrato de servicios no requería una retribución consistente en dinero como lo hacía la *locatio conductio operarum,* sino que permitía cualquier especie de retribución. Ya en el derecho común, la restricción romana, explicable por su origen en el arrendamiento de esclavos, había perdido su significación práctica[50]. Los nuevos códigos civiles, en conjunto, terminaron con ella[51].

---

50 Como consecuencia de la accionabilidad de todos los contratos consensuales; cfr. WINDSCHEID-KIPP, parágrafo 404, nota 1.

51 PREUSS, A.L.R., I, 11, parágrafo 875. ÖSTERR, Gb., parágrafo 1.173 (código austríaco). SÄCHS, Gb., parágrafo 1.231 (Código sajón). SCHWEIZ, O.R.a., 338, B.G.B., parágrafo 611.

Por otra parte, la inclusión en el concepto del contrato de servicios de toda especie de prestaciones de servicios, es producto del derecho alemán y, sobre todo, es totalmente ajena al derecho germánico la idea romana según la cual, el trabajo digno de un hombre libre no tenía que ser retribuido. De la misma manera que ya el contrato de servicio fiel abrió paso a la idea de que también los más altos servicios militares, cortesanos o de funcionarios no perdían su honorabilidad por la retribución, también el contrato medieval abarcó la aceptación de trabajo profesional cualificado compensado por una retribución. Al mismo tiempo, con la aceptación de contratos de servicios libres, también los trabajos inferiores recibieron su parte de dignidad y honor, propios de la actividad profesional libre. En beneficio del servicio doméstico, cabe hacer notar que el servicio personal del señor implicó desde siempre una actividad honorable. El honor del trabajo manual industrial fue motivo de lucha de los gremios. De esta forma, surge del Derecho germánico la idea de que todo trabajo es honorable pero también lo es su retribución. Con este punto de vista se contradecía, por el contrario, el trabajo profesional altamente espiritual que se excluía de idéntico tratamiento, precisamente cuando después de la Recepción, los trabajos llamados bajos o comunes fueron degradados al sometérselos al concepto romano del arrendamiento. La distinción perdió su significación práctica ya en el Derecho común, aunque se haya mantenido la categoría de contratos especiales de honorarios, empleo o servicio libre[52]. Los nuevos códigos alemanes renunciaron a ella y retornaron al concepto unitario de contrato de servicios[53].

El contrato de servicios actual coincide en su contenido con el contrato del más viejo derecho alemán precisamente en el hecho de que fundamenta una relación personal de señorío. Esto es así porque obliga a una parte a una actividad personal en beneficio de las necesidades y fines de la parte contraria[54], poniendo a las partes en relación de servidor y señor. El hecho de que la legislación moderna evite esta denominación[55], no significa que la cuestión

52 Particularmente, como consecuencia de la admisión de demanda ordinaria para la prestación de la retribución pactada. Cfr. WINDSCHEID-KIPP, parágrafo 404, nota 2-3.

53 El derecho prusiano (PREUS, L. R.) no menciona, especialmente las prestaciones profesionales más altas. El Código austríaco, parágrafo 1163, las considera en los mismos preceptos que se refieren al trabajo por salario. El Código sajón, parágrafo 1230, las incluye. Lo mismo el Derecho suizo, a. 318, ahora 361. El Código Civil alemán, determina ya en el parágrafo 611.2: «el objeto del contrato de servicios puede constituirlo el servicio de todas las especies».

54 En la duda, los servicios se prestan en forma personal, y la exigencia de su prestación, en caso de duda, no es transmisible. Código Civil, parágrafo 613.

55 El nombre «contrato de servicios» se ha impuesto; en la nueva legislación suiza se impuso su mantenimiento no sin lucha. Por el contrario, las partes del contrato en el B.G.B. se llaman siempre «el acreedor del servicio» y «el obligado a la prestación del servicio». La legislación suiza habla todavía de «señor del servicio» frente al «obligado al servicio». También la palabra «*Dienstbote*» (recadero) que ha permanecido en el derecho del servicio doméstico técnicamente, comienza ya a retroceder. Todavía se autocalifica con orgullo de «servidor» el funcionario público.

haya desaparecido del ordenamiento jurídico, de la misma manera que no puede desaparecer de la vida. La relación de señorío, naturalmente, puede ser de muy diversa consistencia y duración. De todos modos, no falta nunca. Y crece en extensión y firmeza en la medida en que el servicio aceptado constituye un contenido vital profesional del mismo, porque absorbe en forma total o principalmente la actividad productiva del obligado.

Con la pretensión de una prestación de servicio, el contrato de servicios crea al mismo tiempo un derecho de señorío, que otorga un poder sobre la persona como tal. El que recibe el servicio tiene a su disposición la fuerza del trabajo del obligado y puede dirigir su actividad según su voluntad al fin propuesto. Pero en esto se encuentra un poder que alcanza a la personalidad, inseparable de la prestación del trabajo. Sin embargo, este poder adquiere un contenido jurídico personal ampliado y un desarrollo específico, tan pronto como el contrato de servicios incluye al obligado en una comunidad señorial como miembro servidor. Con la inclusión en la comunidad doméstica, no solo se encuentra bajo el poder del señor de la casa el mero sirviente, sino también aquél que se ha obligado a servicios de especie superior. El ingreso en el comercio subordina al auxiliar respecto de un «principal». Los funcionarios privados están también sometidos al poder del señor en una relación que tiene por modelo el derecho público de los funcionarios. El contrato de embarque celebrado con el capitán de un buque, da lugar a una subordinación especialmente estricta como consecuencia del ingreso en la comunidad naval. Los contratos de trabajo industrial, subordinan a los trabajadores y empleados a la autoridad de una ordenanza laboral en las grandes empresas y los incorporan en la organización autoritaria en las otras empresas.

Resulta tan trivial como poco claro cuando se exige a menudo últimamente una transformación de esta «relación de poder» en una «relación jurídica», pues, por un lado, la relación de poder del derecho vigente es al mismo tiempo una relación jurídica en su delimitación precisamente llevada a cabo hasta el detalle. Por otro, la organización jurídica de un conjunto viable es impensable sin el sometimiento de los miembros a un poder unitario que dirija hacia una meta. El sujeto de este poder en la forma capitalista de la empresa solo puede ser el empresario. Aun cuando el ejercicio de los derechos de señorío por parte del empresario estén limitados por una comisión de trabajadores o una representación de los sometidos al poder, el contenido del poder que obliga a cada trabajador, individualmente considerado, permanece intacto. Incluso aun cuando en lugar del empresario aparezca la unidad cooperativa de los propios trabajadores, podría afirmarse el sometimiento de cada trabajador a un poder del mismo contenido, que solo correspondería a la sociedad cooperativa y que solamente sería ejercitado por los órganos competentes para ello. Pero el fundamento jurídico de la relación de señorío solo puede ser el contrato de servicios, por lo menos, mientras el Derecho del trabajo se base en la libertad contractual del Derecho Privado. La cuestión sería distinta si la relación laboral se convirtiera en una relación funcionarial del Derecho Público. Sin embargo, esto no significaría de ninguna manera la desaparición de la subordinación jurídico personal bajo un poder de señorío. Por el contrario, el poder del Derecho Público se situaría frente al trabajador con mayor firmeza en las limitaciones de su personalidad.

Si bien el contrato de servicios actual da lugar a un derecho de señorío, ello no significa que no establezca a la vez un deber de señorío. Precisamente en esto se pone de manifiesto su origen germánico, dado que todo señorío germánico era a la vez una relación obligacional. En los deberes de prestar la retribución prometida, proveniente del derecho de las obligaciones, no se agota el deber del señor. El poder sobre la persona, por el contrario, se corresponde con un deber de cuidado respecto de la misma. El Código Civil alemán ha reconocido fundamentalmente el deber de cuidado que incumbe al señor del servicio y que emana de la relación jurídico personal del contrato de servicios. Este deber implica, en todo caso, el acondicionamiento y mantenimiento del lugar de trabajo, de los equipos y aparatos y también, en la regulación de las prestaciones del servicio, debe cuidarse, dentro de lo posible, por la protección de la vida y la salud del obligado a la misma. En el caso de la incorporación en la comunidad doméstica el deber de cuidado se extiende a las instalaciones de habitación y dormitorio, a la alimentación, así como al tiempo de trabajo y descanso, exigiendo a la vez, junto a la consideración de la salud también la de la moral y la religión del obligado[56]. Estas disposiciones generales se completan por un cúmulo de prescripciones jurídicas especiales para los auxiliares y aprendices de comercio, trabajadores industriales y sus distintas clases, especialmente en lo referente a mujeres y trabajadores jóvenes marineros, criados, etc., que amplían el deber de cuidado personal adaptándose a las situaciones especiales del servicio[57]. Las acciones y omisiones que incumben al señor del servicio por imperio del deber de cuidado personal se encuentran, en parte fijadas con exactitud pero además surgen de deberes de conducta generales y, por lo tanto, no pueden enumerarse en forma exhaustiva. Es aquí, precisamente, donde se revela el contenido jurídico personal de este deber de cuidado de la persona en el que sobrevive el antiguo deber del señor. Al mismo tiempo, tal deber aparece como deber contractual emergente del contrato

---

56 B.G.B., parágrafo 618; según el parágrafo 619, derecho necesario.

57 Cfr. H.G.B., parágrafo 62; GEW. O., parágrafos 120 a-120 g, 139 g-139 h; HAUSARBEITSGES, parágrafos 6-10; SEEMANNS - O., parágrafos 55-65, 83; PREUSS. Berges, parágrafos 196-203 y también parágrafo 80 f-80 fs. Al deber de cuidado de la persona pertenece también la obligación de otorgar a los jóvenes trabajadores la posibilidad de asistir a una escuela especializada o de perfeccionamiento, o de enviarlos a ellas cuando la concurrencia sea obligatoria; GEW. O., parágrafo 120; H.G.B., parágrafo 76.4, con la GEW. O., parágrafo 139 i; PREUSS. Berggss, parágrafo 87. Muchas ordenanzas de trabajo doméstico contienen numerosas disposiciones que regulan en detalle el tratamiento del cuidado personal de los criados; muchas obligan al señor en forma general a cuidar del bien corporal y espiritual del sirviente (por ejemplo, WEIM, parágrafo 26; ALTENB, parágrafo 47; KOB.-GOTH, parágrafo 47; REUSS á. L., parágrafo, 23, j. L. parágrafo 46) y a ocuparse de su elevación moral (OLDENB, parágrafo 41, SCHAUMB, parágrafo 43, LIPPE, parágrafo 57).

de servicios[58]. Tal es lo que rige también con respecto a las obligaciones especiales de cuidado personal de los enfermos en diversas relaciones de servicios a cargo del señor del servicio[59]. Junto a ello persiste todavía el antiguo deber del señor de protección y representación frente a terceros del obligado a la prestación del servicio[60]. La responsabilidad del señor por su gente no ha desaparecido aunque en el derecho moderno está regulada en forma independiente y, por lo tanto, eliminada formalmente del derecho del contrato de servicios[61].

Por el contrario, dentro del derecho del contrato de servicios repercute también la obligación jurídico personal del sirviente sobre el deber jurídico patrimonial de retribución del señor en diversas formas[62]. De la misma mane-

58 En nada se modifica esta conclusión por el hecho de que el BGB, parágrafo 618.3 y el HGB, parágrafo 62.3, contengan las rigurosas consecuencias jurídicas correspondientes a las acciones prohibidas para los incumplimientos contractuales en la medida en que se trate del cuidado personal correspondiente a la vida y la salud. Cuando la Gew. O. u otra ley especial amenaza con pena la lesión del deber, concurren tanto una acción contractual como una acción emergente de un delito en sentido propio, según el BGB, parágrafo 823.2.

59 BGB, parágrafo 617. El deber de cuidado personal del enfermo se extingue, sin embargo, en los casos de seguro suficiente.— Los deberes de cuidado personal de enfermos que reconocen su fundamento en las ordenanzas de servicio doméstico han sido derogados por la E.G. zur R.V.O. a. 42, con la extensión del seguro público de enfermedad al criado (con la excepción, de todos modos, de las prescripciones sobre continuación del pago del salario en los casos de enfermedad.— Sobre el deber de cuidado personal de los enfermos en los barcos respecto de los tripulantes, cfr., HGB, parágrafos 553-553 b, SEENN. O., parágrafos 59-60. Deberes especiales surgen aquí en los casos de muerte del obligado al servicio; HGB, parágrafo 554, SEENN. O., parágrafos 64-66.

60 Expresamente en muchas ordenanzas de servicio doméstico; por ejemplo, SACHS, parágrafo 42; WEIM, parágrafo 22; ALTEMB, parágrafo 47; KOB.-GOTH, parágrafo 47; OLDENB, parágrafo 43; SCHAUMB, parágrafo 45; SCHWARZB.-R., parágrafo 27; S., parágrafo 28; LÜB, parágrafo 25; BREM, parágrafo 51.

61 También los preceptos especiales provenientes del antiguo derecho alemán sobre la responsabilidad del señor del servicio con respecto al servicio doméstico han perdido su significación (Cfr. HEETZ, pág. 42 y sigs., KÖNNECKE, pág. 16, 258 y siguientes). La E.G. zum BGB. a. 95, prescribe la aplicación de los parágrafos 278, 831 y 840.2 del Código Civil. Algunas ordenanzas de servicio doméstico nuevas contienen disposiciones análogas; así SÄCHS, parágrafo 65; KOB.-GOTH, parágrafo 62; ANH, parágrafo 28; BRAUNSCHW, parágrafo 39.2. Los preceptos del derecho del servicio doméstico antiguo que imponían al señor del servicio una responsabilidad más amplia, han sido derogadas en toda Prusia por la A. G. zum BGB, a. 14, parágrafo 1.2.

62 En esto se apoya, por ejemplo, la permanencia del deber de retribución en los casos de impedimento no culpable del obligado al deber con respecto a la prestación del mismo según el BGB, parágrafo 616; HGB, parágrafo 53; GEW. O., parágrafo 133e; PREUSS, BERGGES, parágrafo 90 a.; PREUSS, A.G. a. 14, parágrafo 1.1.; *la prescripción coactiva* del HGB, parágrafo 64; las prescripciones de la GEW. O. sobre pago al contado del salario, lugar de pago y disminuciones del mismo en los parágrafos 115-119b, así como del PREUSS-BERGGES, parágrafos 80a., 80 c, 80 k.; la regulación legal del contrato de embarque en la SEEM O., parágrafos 43-42. Hay que señalar además la disposición de retribución de la actividad personal adeudada para el mantenimiento personal, como en los privilegios medioevales del «Lidlohns» (Cfr. HERTZ, págs. 89-100), de la misma manera que en los beneficios

ra, se percibe la parte jurídico personal de la relación de servicio en los deberes de certificación documental del señor del servicio que surgen del contrato de servicios[63].

Es evidente el hecho de que el contrato de servicios actual fundamenta derechos y deberes para el servidor de naturaleza jurídico personal. Dado que éste con la promesa del servicio hace entrega de una parte de su personalidad, no solo dispone de un derecho a exigir la paga adeudada, sino que puede requerir, además, del señor del servicio el cuidado personal que a éste le incumbe. Por otra parte, sus deberes no se agotan en la prestación del servicio prometido. El deber de obediencia va más allá de la prestación del servicio mismo, de su puro cumplimiento, en virtud del derecho a ordenar y regular que le compete al señor del servicio; todo el comportamiento en el servicio debe ser correcto[64]. En los casos de incorporación a la comunidad doméstica o a la naval, está también obligado a observar las disposiciones relativas al mantenimiento del orden en la casa o en el buque[65]. En muchas relaciones de servicio el deber contractual alcanza también a la exigencia de un comportamiento ordenado fuera del servicio[66]. Por último, también el contrato funda-

actuales de la exigencia de salario, de su derecho preferencial en el concurso, las limitaciones de su embargabilidad transferencia, etc., son expresión de lo mismo; conf. al respecto sobre la obligatoriedad del empleador por la ley de embargo de salarios GEW, O., parágrafo 115, a con disposiciones penales en el parágrafo 148.13.

63 Así especialmente en el caso de los deberes que evidentemente van más allá del ámbito del derecho patrimonial con respecto a la extensión de certificados, según el BGB, parágrafo 360, HGB, parágrafo 73, GEW O., parágrafos 113-114; SEEM O., parágrafos 19-21; PREUSS. BERGGES, parágrafos 84a., 85a. y las ordenanzas de servicio doméstico; con respecto al deber de extender certificados en el contrato de embarque; SEEM O., parágrafo 27.1; pero también en muchos otros deberes de certificación pertenecientes al derecho público. Cfr., *infra*, pág. 63, nota 2.

64 Cfr. GEW O., parágrafo 121 y sobre el contenido posible de la ordenanza laboral, parágrafo 134b. También aquí pertenecen los deberes de prestar más del servicio prometido a quienes se encuentran en estado de necesidad, estando especialmente subrayados, en muchas ordenanzas de servicio doméstico (por ejemplo, PREUSS, parágrafo 57-60; RHEIN, parágrafos 16-18), pero también para los auxiliares y empleados industriales existe el mismo deber.

65 En las ordenanzas de servicio doméstico se encuentran diversas disposiciones detalladas a este respecto. Para la tripulación naval, cfr. SEEM O., parágrafos 34 y 41, así como las prescripciones de los parágrafos 88-92 sobre el poder disciplinario del capitán.

66 Para el servicio doméstico se encuentra esto expresamente a menudo en las ordenanzas respectivas; cfr. por ejemplo, SACHS, parágrafo 43; WEIM, parágrafo 25; REUSS ä. L., parágrafo 22. En las ordenanzas laborales pueden encontrarse preceptos con acuerdo de una comisión permanente de trabajadores sobre el comportamiento del trabajador industrial en la utilización de las instalaciones y para los trabajadores menores de edad sobre su comportamiento general fuera de la empresa; GEW O., parágrafo 134b., 3. Los auxiliares de comercio están bajo la prohibición de concurrencia del HGB, parágrafo 60. Por lo general constituyen éstos una lesión grave contra mandatos morales o contra la ley dando lugar a «justa causa» para el despido inmediato. Esto se encuentra establecido en parte expresamente; cfr. GEW O., parágrafo 123 Z. 2 y 7, parágrafo 133 Z. c; PREUSS BERGGES, parágrafo 83 Z. 2, así como en casi todas las ordenanzas de servicio doméstico.

menta actualmente un deber personal de fidelidad[67]. Inclusive, la fidelidad contractual general se da aún cuando falten disposiciones legales o contractuales; el obligado al servicio tiene un deber cuyo contenido personal es la fidelidad al mismo[68]. Sin embargo, la fidelidad al servicio presenta diversas configuraciones según las características especiales de la relación de servicio. Consecuencia de esta lealtad al servicio es, por ejemplo, el deber de comportarse atentamente [69] con el fin de lograr lo mejor, el deber de evitar daños y el de prestar ayuda en situaciones de peligro[70], así como el mantener el secreto con respecto a circunstancias que les son confiadas o conocidas a raíz de la relación de servicio[71].

El elemento jurídico personal se pone de manifiesto también de una manera considerable en el momento de la terminación de la relación de servicio. El ordenamiento jurídico actual lo toma en cuenta tanto al regular gran parte de las reglas obligatorias sobre las causas de terminación del contrato[72], cómo al establecer las consecuencias de su terminación[73]. La cuestión no puede desarrollarse aquí con mayor extensión[74].

---

67 En el mismo sentido, y con razón, Dernburg, parágrafo 306, II.

68 Expresamente no solo en todas las viejas, sino también en casi todas las nuevas ordenanzas de servicio doméstico (también Bayr, a. 19) se habla del deber de fidelidad; solo la Württ, Bad., Elsass-Lothr y Hamb, guardan silencio respecto a la lealtad. El deber de fidelidad está contemplado en el parágrafo 72 Z. 1 del H.G.B. y en el parágrafo 133 c. Z. 2 de la Gew O., dado que la deslealtad constituye una causa de despido.

69 Así en muchas ordenanzas de servicio doméstico (también con respecto a los miembros de la familia, etc.). Cfr. también Seem O., parágrafo 85.2.

70 Así en muchas ordenanzas de servicio doméstico; Cfr. Preuss, parágrafo 70; Kurhess, parágrafo 11; Sachs, parágrafo 30; Melkl, parágrafo 15; Altemb, parágrafo 29; Kob.-Goth, parágrafo 37; Schwarzb.-R., parágrafo 29 (ver parágrafo 30); Reuss ä L., parágrafo 19; Lipp, parágrafo 12; Brem, parágrafo 33. Especialmente se impone, por lo tanto, al sirviente el deber de denunciar al señor deslealtades probadas de otros sirvientes; Preuss, parágrafos 71-72; Sachs, parágrafo 31; Altenb, parágrafo 30; Kob.-Goth, parágrafo 38; Brem, parágrafo 36. Cfr. Seem o., parágrafo 41.

71 Cfr. Sachs, Ges O., parágrafo 46. Como deber contractual de los empleados, trabajadores y aprendices de una empresa comercial se lo presupone en la U.W.G., parágrafo 17.1.

72 Piénsese, por ejemplo, en la prohibición de un contrato de servicio que obligue al servidor (aunque no al que lo recibe) por un término superior a 5 años en el B.G.B., parágrafo 624; asimismo, en la protección respecto al preaviso breve en el H.G.B., parágrafo 67, Gew O., parágrafo 133 a.a.; Preuss Bergges, parágrafo 88 a.; en el principio de paridad del término de preaviso para ambas partes según el H.G.B, parágrafo 67; Gew O., parágrafos 122, 133 a.a.; Seem O., parágrafo 27.2; B. Sch. G, parágrafo 25.1.; Preuss Bergges, parágrafos 81a., 88a; pero sobre todo, en la admisibilidad contractual de todo preaviso sin término fundado en causas importantes (B.G.B., parágrafo 626) y en los determinados en sentido amplio por las relaciones personales, que en parte, se encuentran enumerados a manera de ejemplo como causas justas y, en parte, en forma normativa en leyes especiales.

73 Corresponde citar, por ejemplo, el B.G.B., parágrafo 617, inc. 1, apartado 4 y parágrafo 629; además, la Seem O. (especialmente los deberes de «Rückbeförderung»).

74 También deberían ser tomados en consideración en este contexto los efectos ulteriores pactados de la relación de servicios en los que se pone de manifiesto el elemento jurídico personal de este contrato. Así, por una parte, las reclamaciones sobre pensión de retiro o de supervivencia. Por otra parte, las cláusulas de competencia y sus restricciones.

Sin embargo, es necesario decir algunas palabras sobre los efectos del derecho público en el contrato de servicio actual. Se trata, por una parte, de un aspecto vinculado a su origen jurídico alemán. En la medida en que la nueva legislación industrial fue otorgando poder en forma creciente al derecho público sobre la relación de trabajo, las instituciones del derecho público sirvieron de ejemplo para el derecho del servicio doméstico, el de trabajadores manuales, mineros y marítimos en los que, desde hace tiempo, habían encontrado un desarrollo y en los que permanecieron. Por otra parte, el avance del derecho público sobre el derecho privado se ve impulsado por la consideración de la parte personal de la relación de servicio. El derecho público interviene porque y en tanto la relación de servicio alcanza a la personalidad como tal y la sujeta, al incluirla en organismos profesionales supra-individuales, la constituye de esta manera en un elemento esencial de la estructura del cuerpo social. En parte es notable la tendencia a transformar la relación jurídico privada de servicio en una relación similar a la del funcionario en el derecho público. Con la extensión de las asociaciones estatales, comunales y autónomas de derecho público a las que le fueron transferidas empresas, esta metamorfosis ha tenido lugar de una manera considerable[75]. Si, por lo demás, y a pesar de ello, el contrato jurídico privado de servicios sigue siendo la base del Derecho del trabajo, es preciso reconocer, sin embargo, que su estructura está determinada por la influencia del Derecho público en una doble dirección.

Por un lado, el contrato de servicios recibe gran parte de su contenido del Derecho público. Ello se percibe con mayor claridad en el ámbito de la legislación sobre protección del trabajador. Esta fundamenta obligaciones de Derecho público del empleador cuyo cumplimiento está asegurado por la inspección de la autoridad y la coacción administrativa, a la vez que su incumplimiento da lugar a sanciones penales. Solo las innumerables limitaciones de la libertad contractual resultan ya determinantes, de una manera negativa, del contenido de los contratos de servicios, dado que los acuerdos ilegales son nulos[76]. Además, el contenido de los contratos de servicios se ha enriquecido también en un sentido positivo a través de las obligaciones impuestas al empleador con respecto al hacer u omitir en la medida en que éstas afectan a

---

75 La inmensa multiplicación del funcionariado, ha tenido por consecuencia, naturalmente, una cierta degradación del concepto de funcionario y, en muchos aspectos, un acercamiento de la situación del funcionario a la que corresponde al contrato de servicios del derecho privado.

76 Cfr., por ejemplo, con respecto al trabajo de días domingos y festivos, la GEW O., parágrafo 105a., mediante cuya redacción todas las prescripciones de los parágrafos 105b-105i, adquieren a la vez significación en el derecho privado; a este respecto, SEEM O., parágrafos 37-39. De la misma manera, resultan nulas todas las disposiciones contractuales, que lesionan limitaciones establecidas por la autoridad, en virtud de una ley, o por poderes que la misma le otorga, en lo referente a la jornada de trabajo o al empleo de mujeres, jóvenes y niños. Lo mismo rige respecto de las prohibiciones de empleo de menores de edad o adolescentes por personas solteras, etc., en la GEW O. (parágrafos 106 y 126) en las ordenanzas de servicio doméstico, etc.

su comportamiento frente al trabajador. En efecto; no cabe duda de que el obligado al servicio dispone de una acción de Derecho privado y de origen contractual para demandar el cumplimiento de tales obligaciones reclamando, en su caso, la indemnización correspondiente. También corresponden a obligaciones de Derecho público de los empleadores todo lo referente a la documentación y certificación de determinadas relaciones de servicio, respecto de las cuales surgen acciones contractuales del trabajador[77]. En los detalles, los límites entre el Derecho público y privado, en este ámbito, son inseguros; por las mismas razones, la relación entre deberes profesionales y contractuales requiere una profundización. Lo hasta ahora indicado es prueba suficiente de que la intervención del Derecho público actúa, en parte, de manera directamente conformadora del contrato de servicios y que su contenido jurídico personal se acrecienta.

El derecho del contrato de servicios resulta de tal manera presionado por el Derecho público que los derechos y obligaciones que se vinculan con la relación de servicios quedan, en gran parte, fuera del ámbito del Derecho privado. Pero también, en estos casos, los preceptos del Derecho público tienen una influencia mediata en los contratos de servicio sobre los que se apoyan y que, no raramente, son conformados por ellos. Esto rige, por ejemplo, con respecto a numerosas disposiciones de la legislación de protección del trabajo que imponen a los empleadores obligaciones que solo existen con respecto a la comunidad y que de ninguna manera dan lugar a acciones contractuales del trabajador individual, pero que al mismo tiempo, tienen significación decisiva para determinar el contenido del contrato[78]. Lo mismo puede percibirse en otros ámbitos en los que el señor del servicio está obligado por muchos preceptos de Derecho público[79]. A la inversa, también las obligaciones contrac-

---

77 También tiene naturaleza jurídico pública la obligación de llevar cartilla profesional autorizada por la autoridad para ciertos contratos de servicios, en los que se expresan informaciones sobre las relaciones personales del obligado al servicio —en el caso de trabajadores menores de edad, la cartilla profesional (GEW O., parágrafos 107-112; PREUSS BERGGES, parágrafos 85b-85h), la cartilla de navegación para los marítimos (SEEM O., parágrafos 7-11, 16, 17, 19 al 22, 43.4), para los sirvientes la cartilla de servicio doméstico (PREUSS V. del 29-9-1846, y muchas otras ordenanzas)—, así como la de conservarlos y restituirlas con las anotaciones correspondientes. Es evidente, sin embargo, que las obligaciones relativas a la cartilla y, en especial, a las documentaciones exigidas, lo mismo que anotaciones incorrectas o inadmisibles, constituyen una parte de las obligaciones contractuales frente al obligado al servicio, lo que se ratifica por la GEW O., parágrafo 112 y la PREUSS BERGGES, parágrafo 85 g. Lo mismo rige para las libretas de salarios y los certificados de trabajo, según la GEW O., parágrafos 114 a.-e, ley de trabajo doméstico, parágrafo 4.

78 En este sentido, la obligación de una determinación general y promulgación de las condiciones de trabajo por una *ordenanza laboral* (GEW O., parágrafo 134b. inc. 1, parágrafo 139 k) o la exhibición de tablas de salarios para el trabajo a domicilio (HAUSARBEITSGES, parágrafo 3). En el mismo sentido, los deberes de denuncia provenientes de la GEW O., parágrafo 138.

79 Tal es lo que ocurre con el deber de registro de los contratos de embarque en cuanto al enrolamiento y alistamiento; cfr. SEEM O., parágrafos 7-26 y sobre los efectos en la relación contractual, parágrafos 30-34.

tuales del obligado al servicio están influidas por deberes del Derecho público que le incumben en virtud de una posición profesional específica[80]. En considerable medida, el seguro obligatorio de Derecho público ha creado relaciones de esta índole. En tanto este seguro transfiere a asociaciones de Derecho público el cuidado personal de las personas afectadas, resulta que el deber de cuidado personal contractual del empleador, en parte, se transforma y en parte queda eliminado. Las obligaciones de Derecho público impuestas al señor del servicio para la realización del seguro y las contribuciones que debe prestar al asegurador no son básicamente deberes contractuales con respecto al trabajador, a pesar de que comienzan y terminan con la relación contractual de servicio[81]. Tampoco el deber del obligado a asegurarse, a efectuar las prestaciones que le incumben constituyen deberes emergentes del contrato de servicios frente al señor del servicio. Solamente se conectan consecuencias de Derecho privado al cumplimiento o no cumplimiento de los deberes de Derecho público de ambas partes que, en atención a la remuneración, influyen sobre el contenido del contrato de servicios[82].

Junto al Derecho público ha adquirido en los últimos tiempos significación normativa con respecto al contenido del contrato de trabajo industrial el Derecho privado de las asociaciones. También estos fenómenos tienen origen alemán. Sin embargo, no están enraizados en la conformación jurídico individual del contrato de servicios, sino en su encuadramiento en el Derecho comunitario autónomamente producido.

La. ordenanza laboral tiene la fuerza de un estatuto autónomo que en las grandes empresas debe dictar el empresario con participación de la comunidad de los trabajadores o de una comisión de los mismos, hacerse público y ser entregada a cada nuevo trabajador[83]. La ordenanza laboral, que completa el derecho legal y regula unitariamente el contenido de las relaciones contractuales de servicio individuales en puntos determinados, es obligatoria tanto para el empleador como para el trabajador[84]. Sus disposiciones tienen parcial-

---

80 Es el caso de los deberes profesionales impuestos por el Estado públicamente para los empleados en empresas industriales, abogados, médicos, que igualmente son decisivos para el cuidado debido en la prestación del servicio en virtud del contrato y, por otra parte, trazan límites inconfundibles al deber de obediencia frente a las instrucciones del señor del servicio.

81 Solo distinto en el caso de acuerdo diferente; R. Ger. Z.S. LXIII, No. 13.

82 Los trabajadores tienen que aceptar el descuento en forma y término determinado para el pago de sus contribuciones, que se deducen de su salario; R.V.O., parágrafos 394-395, 462, 1423; ANGEST V.G., parágrafos 178-180; también R.V.O., parágrafos 1414. Por otra parte, los trabajadores tienen una acción de restitución a ejercer dentro de un término establecido cuando hubieran pagado su contribución total; R.V.O., parágrafo 1439 y también parágrafo 422 y ANGEST V.G., parágrafo 119. Todas las disposiciones legales lesionadas por acuerdos particulares determinan la nulidad de los mismos; R.V.O., parágrafo 139; ANGEST, V. G., parágrafo 345.

83 *GEW*, O., parágrafos 134a-134g, 139k; para empresas mineras. PREUSS BERGGES, parágrafos 80a-e y 80g-80i.

84 GEW, O., parágrafos 134b y c; BERGGES, parágrafos 80b, d y e. Sin embargo, la ordenanza laboral y todas sus modificaciones entran en vigor por lo menos dos semanas después de su entrada en vigor; *GEW*, O., parágrafo 134a. inc. 4; BERGGES, parágrafo 80a inc. 4.

mente naturaleza de normas jurídicas coactivas y, en parte, subsidiarias, que rigen independientemente de la voluntad contractual en los ámbitos específicos de la relación contractual. De esta manera, la ordenanza laboral se presenta como un derecho estatutario dictado con autorización legal por una asociación de empresarios de Derecho privado, y que, bajo control estatal, regula ciertos efectos jurídicos del ingreso en esta asociación por medio del contrato de servicios[85].

Fundamentos cooperativistas determinan que el acuerdo de disposiciones normativas para contratos de servicios en un ámbito industrial determinado tenga lugar mediante convenios colectivos. Se trata de contratos libres de Derecho privado que, por regla general, se concluyen entre asociaciones organizadas de empleadores y trabajadores, pero, y a modo de posibilidad, al mismo tiempo también entre empleadores y trabajadores o incluso por ellos individualmente. Actualmente se reconoce en forma general que tienen carácter jurídico obligatorio y que dan lugar a acciones para su cumplimiento o indemnización[86]. De esta manera, las asociaciones contrayentes quedan obligadas frente a la otra parte a mantener a sus miembros dentro de lo que expresan las tarifas generales en la conclusión de contratos de servicios individuales. Los empleadores y los trabajadores, en la medida en que aparecen como contrayentes de un convenio colectivo se obligan a tomar las disposiciones normativas acordadas como base para todos los contratos concluidos. Si bien éstas no son obligatorias frente a la otra parte, la obligación adquiere, por lo

[85] En este sentido también OERTMAN, «Festgabe für Hübler», 1905, pág. 1 y sigs., cfr. al respecto LOTMAR, I, 231 y sigs. La concepción defendida por otros, que ven en las ordenanzas de trabajo como la aceptación por la conclusión del contrato de servicios de una oferta contractual, no puede explicar la validez de aquéllas con independencia de la conclusión del contrato individual. Cuando KOHLER, Enzykl, 1, 641 y sigs., supone una declaración del empleador en forma unipersonal a los fines de un negocio jurídico, parte del presupuesto erróneo de que no se da la autonomía del derecho privado. El dictado de tales reglas generales no constituye, naturalmente, un acto del derecho público ni se convierte en tal por la participación de la autoridad prevista en la GEW. O. parágrafos 134 e y 134 f (sólo requieren autorización ciertas disposiciones previstas en la BERGGES, parágrafo 86f). Lo único que existe es un acto privado de creación de normas legalmente autorizado; al respecto mi DEUTSCH. P.R., I, 153, 155, 699. Lo característico con respecto a la naturaleza estatutaria es la existencia de disposiciones penales contenidas en las ordenanzas laborales y que están autorizadas dentro de ciertos límites; no se trata de sanciones contractuales, sino de una especie de sanciones disciplinarias.

[86] Desde la sentencia del R. GER, del 20-1-1910, Z.S., LXIII, No. 23, no existe discusión sobre este punto. De todos modos, queda por saber sí y cuándo puede considerarse a los miembros individuales de las asociaciones contrayentes (sea por representación o como consecuencia del ingreso) como contrayentes y qué consecuencia tiene esto con respecto a los llamados «convenios colectivos ilimitados», que se concluyen para toda una rama industrial por representantes elegidos de un conjunto inorgánico. Solamente los contrayentes pueden ser obligados. Por el contrario, también los contrayentes pueden adquirir derechos derivados del convenio colectivo según las reglas sobre contratos de prestaciones a terceros; R. GER, *loe. cit.*, pág. 105 y sigs. LANDSBERG, «Festgabe für Krüger», 1911, pág. 165 y sigs.; ENNECCERUS, B.R., parágrafo 365, IV.

menos, relevancia, frente a su asociación en virtud del derecho estatutario, dado que dichas disposiciones normativas pertenecen a una asociación contrayente. De esta manera, el paso del derecho del convenio colectivo al derecho del contrato de servicios no es estimulado solo por la fuerza de los hechos, sino también por la aplicación de medios jurídicos coactivos. Sin embargo, de acuerdo con el Derecho alemán vigente, solo se trata de una influencia indirecta sobre el contenido de los contratos individuales de servicios. De esta manera, lo acordado en el convenio colectivo pasa a ser contenido del contrato de servicios, requiriéndose así su recepción en el contrato individual de servicios. En la duda habrá que suponer que todos los contratos concluidos en el ámbito del convenio colectivo han querido tener el contenido en éste prescrito[87]. Pero un acuerdo divergente no es nulo y tampoco puede ser reemplazado sin más por las disposiciones del convenio colectivo[88]. El convenio colectivo solo sería capaz de ejercer esta influencia directa en los contratos de trabajo futuros si se le acordara la fuerza de un estatuto autónomo. El nuevo Derecho suizo de las obligaciones ha dotado al «contrato de trabajo general» de esta fuerza[89]. En el Derecho alemán vigente esto no ha ocurrido todavía. De todos modos, a pesar de la falta de sanción formal, los convenios colectivos cumplen hoy ya con esta función, según la cual el contrato de trabajo industrial es incluido en considerable extensión dentro del derecho de una comunidad autónoma.

Hay un largo camino entre el contrato germánico de servicio fiel y el actual contrato de servicios. Si observamos este desarrollo retrospectivamente, no es posible desconocer la profunda significación interna de este contexto histórico. El origen de la *locatio conductio operarum* en el arrendamiento de esclavos imprimió al trabajo libre asalariado también el sello de la falta de libertad. El origen del contrato de servicios en el contrato de servicio fiel ennobleció el trabajo asalariado elevando el trabajo no-libre a la esfera de la libertad. La analogía romana del arrendamiento de cosas condujo a la equiparación del trabajo con la entrega de un bien para el uso ajeno y obligó a la conformación del arrendamiento de servicios en el sentido de un puro negocio

---

87 En favor del llamado «efecto automático» está la opinión dominante: cfr. OERTMAN, Z. f. Sozialwiss X 26 y sigs.; *Baum en Grünbut,* XLIX, 281 y sigs.; SINZHEIMER, *Der korporative Arbeitsnormenvertrag,* T. II (1908), pág. 23 y sigs.; LANDSBERG, *loc. cit.*, pág. 179 y sigs.; es prácticamente innecesario suponer, como lo hace LANSBERG, la existencia de un derecho consuetudinario.

88 Se manifiestan en favor de la «irrenunciabilidad» o «efecto absoluto» de los convenios colectivos: LOTMAR, I, 776, 778 y sigs., RUNDSTEIN, *Tarifverträge* (1905), pág. 147 y en trabajos posteriores, Zimmermann, *Handwörterb. f. Staatswiss.* Vii 1130. Otra opinión, especialmente Oertmann, *loc. cit.*, 23 y sigs.; BAUM, *loc. cit.*, 265, Schall, Jahrb f.D. LII, 152 y sigs.; SINZHEIMER, *loc. cit.* (antes de otra opinión); LANDSBERG, página 187 y sigs., *Enneccerus,* notas 19-20.

89 SCHWEIZ, O.R., a. 322-323. El contrato de trabajo general requiere forma escrita. Si faltan disposiciones sobre la duración puede darse por terminado después del transcurso de un año con seis meses de preaviso. Sobre la delimitación del círculo de «obligados» la ley guarda silencio.

jurídico patrimonial de intercambio. El modelo de la relación de servicio fiel hizo reparar en que el trabajo constituye algo que fluye inseparablemente de la personalidad, inclusive para el trabajo en grupo, dando al contrato de servicios un contenido jurídico personal y, por lo tanto, la naturaleza de un contrato específico obligacional por encima del puro negocio jurídico patrimonial. El concepto romano del arrendamiento de servicios, no contiene momento alguno que vaya más allá del marco contractual individualista. El contrato de servicios recibió del contrato de servicio fiel la función jurídico-social de ser un pilar del orden social y siguió siendo, en la medida en que introduce al individuo en una asociación más amplia, un instrumento idóneo para buscar el complemento y la corrección del derecho individual vigente, regulándolo bajo una bóveda de normas del Derecho público y privado de las comunidades.

* * *

ANÁLISIS CRÍTICO

Abreviaturas utilizadas

AuR	Arbeit und Recht
BAG	Bundesarbeitsgericht
BB	Der BetrihsBerater
BGB	Bürggerliches Gesetzbuch
CC	Código Civil
CPS	Cuadernos de Política Social
CUNEF	Colegio Universitario de Estudios Financieros
DAR	Deutsches Arbeitsrect
IEP	Instituto d Estudios Políticos
Iher Jahrb.	Iherings Jahrbücher
NJW	Neue Juristiche Wochenschrift
RdA	Rech der Arbeit
RDT	Revista de Derecho de Trabajo
RFDUCM	Revista de la Facultad de Derecho de la Universidad Complutense de Madrid
RPS	Revista de Política Social
RT	Revista de Trabajo
ZFA	Zeitschrift für Arbeitsrecht

El comentario a «Las raíces del contrato de servicios», al que se acompaña la traducción del original, supone fundamentalmente un estudio crítico de la idea de GIERKE sobre el origen histórico del contrato de servicios, su configuración y su influencia posterior hasta nuestros días, al objeto esto último de evitar un aislamiento histórico de su concepción, así como de otras materias en conexión más o menos directa con aquél, a las que GIERKE, aunque en menor grado, hace también referencia. Por otra parte, no se ciñe estrictamente al contenido vertido en este ensayo, sino que se tiene presente la producción científica de GIERKE anterior[1] y posterior[2], complemento imprescindible para una mejor comprensión de sus ideas[3-4].

---

1 *Die soziale Aufgabe des Privatrechts*, 1889; *Entwurf eines bürgerlichen Gesetzbuches und das deutsche Recht*, 1889; *Deutsches Privatrecht*, I, 1895, entre otras obras.

2 Fundamentalmente, *Deutsches Privatrecht*, III, München-Leipzig, 1917.

3 De interés son asimismo los múltiples estudios acometidos por la doctrina sobre la obra de Gierke. Entre otros: GURWITSCH G., *Otto von Gierke als Rechtsphilosoph*, en

«El contrato de servicios del Derecho actual ha perdido su parentesco esencial con la *locatio conductio operarum* del Derecho romano...». «Los códigos alemanes... han renunciado al concepto del arrendamiento de servicios y a su vinculación con el arrendamiento de cosas, partiendo del concepto genérico de contrato de trabajo remunerado que subsume tanto el contrato de servicios como el de obra...». «El Código Civil alemán ha seguido estos modelos eliminando definitivamente las últimas huellas del apoyo de los contratos remunerados de trabajo en el concepto del derecho del arrendamiento de cosas». «Al excluir el concepto romano del arrendamiento de servicios, se pone de manifiesto en la legislación su incompatibilidad con el moderno concepto del trabajo. Este se nos presenta como una actividad de la personalidad libre. Se lo debe valorar por el ordenamiento jurídico solo como tal y no como un bien susceptible de ser cedido en uso. ¿Puede decirse que el concepto de contrato de servicios, independizado bajo estas condiciones, constituye una nueva creación o, por el contrario, lo que ocurre es que sigue enraizado en el viejo derecho patrio, que en sus ideas fundamentales ha permanecido vivo frente al derecho extranjero, imponiéndose finalmente sobre éste?» Pese a la existencia de lagunas en la investigación relativa al desarrollo histórico del contrato de servicios del Derecho alemán, «en este trabajo puede mostrarse, a grandes rasgos, que, en realidad, el moderno contrato de servicios ha surgido en histórica continuidad de gérmenes jurídicos alemanes».

Por su importancia, merece la pena acometer este estudio crítico, comenzando precisamente por transcribir de nuevo las ideas fundamentales que GIERKE vierte como hipótesis de trabajo, nada más comenzar su ensayo[5], pero que no son sino en definitiva el reflejo de buena parte de sus conclusiones y a

---

«Zeits chrift Logos», II, 11, 1922, pág. 86 y sigs.; SINZHEIMER, Otto *von Gierkes Bedeutung für das Arbeitsrecht,* en «Arbeitsrecht und Rechtssoziologie»; gesammelte Aufsätze und Reden, I, Frankfurt, 1976, pág. 402 y sigs. El ensayo data de 1922. SCHLUTZE, *Otto von Gierke als Dogmatiker des bürgerlichen Rechts,* en «Jb Jabrb», 1923; WOLF ERIK, *Grosse Rechtsdenker,* 4.ª ed., 1962 (sobre GIERKE, en pág. 669 y sigs.); ISELE, *Die Bedeutung O.v.Gierkes für das moderne Arbeitsrecht,* en «Fetschrift für Maridakis», II, 1963, pág. 285 y sigs.; JOBS F., *Otto von Gierke und das moderne Arbeitsrecht,* Frankfurt, 1968; *Die Bedeutung. Otto von Gierkes für die Kennzeichnung des Arbeitsverhältnisses als personenrechtliches Gemeinschaftsverhältnis,* en «ZFA», 1972, pág, 305 y sigs.

4 Sobre la terminología empleada, debe indicarse que en no pocas ocasiones aparecen, entre muchas otras, expresiones tales como «Derecho del trabajo», «contrato de trabajo», «trabajador», «empresario», «relación de trabajo», «relación laboral», faltas probablemente todas ellas, a menudo, de un estricto rigor técnico-jurídico. Ello se debe a que prácticamente la totalidad de los autores así las utilizan sin detenerse a explicar o concretar qué entienden por las mismas, advertencia ésta que hay que tener presente y relacionar además con el hecho del uso cronológico indiscriminado de tales expresiones.

5 Las referencias a las ideas o concepciones de GIERKE que de aquí en adelante se hagan sin ulteriores precisiones ni indicaciones, deben entenderse siempre referidas a «Las raíces del contrato de servicios».

la vez de su concepción global sobre el tema objeto de estudio, puesta de manifiesto a través de su gigantesca obra[6].

Se detectan en el ensayo de GIERKE, dos grandes partes claramente diferenciadas: la una, referente a la exposición y fundamento de las raíces germánicas del contrato de servicios; la otra, a la exposición y análisis de algunos puntos, todos ellos trascendentales, que pretenden demostrar como la concepción del contrato de servicios de su tiempo descubre y revela constantemente sus orígenes jurídicos germánicos.

Haciendo una breve descripción sobre el origen de la *locatio conductio operarum* romana, que GIERKE sitúa en la locación de esclavos[7], pasa a continuación a analizar los orígenes del trabajo en el Derecho alemán. Señala que el contrato de servicios del Derecho alemán tiene sus raíces, no en el derecho de las obligaciones *(Obligadonenrecht),* sino en el derecho de personas *(Personenrecht),* derecho que, como ya había señalado con anterioridad[8], otorga a sus titulares un poder sobre una personalidad ajena. A través del elemento jurídico-personal que liga a ambas partes del contrato, surge una relación jurídica peculiar que va más allá de las meras obligaciones patrimoniales. En una relación de tal naturaleza no puede separarse la fuerza de trabajo de la persona que lo realiza. Al lado del elemento patrimonial, cuya existencia GIERKE no ignora ni niega, surge, por consiguiente, con carácter decisorio y determinante, el elemento jurídico-personal.

Pero GIERKE va más allá y trata de determinar el precursor histórico del contrato de servicios en una figura jurídica concreta. Esta es el denominado contrato de servicio fiel *(Treudienstvertrag),* cuya forma más antigua consistía en el contrato celebrado entre el señor y los hombres de su séquito; con poste-

---

[6] En efecto, ya en su ensayo *Die zoziale Aufgabe des Privatrechts,* atacando genéricamente el espíritu individualista romano afirma que «una legislación jurídico-privada que tenga presente su misión social debe justamente aspirar a una protección material de las capas sociales, amenazadas con la libertad de los contratos contra el empuje de la prepotencia económica»; respecto al contrato de servicios señala que, «es inconcebible que en esto permanezcamos atenidos perpetuamente al esquema del arrendamiento de servicios, formado según el modelo del arrendamiento de cosas y que tiene sus raíces en la esclavitud romana», (cit. por RODRÍGUEZ-PINERO, *Contrato de trabajo y relación de trabajo (balance provisional de una polémica),* Sevilla, 1967, AHU, vol. XXVII, pág. 5, nota 10.

[7] Postura ésta doctrinalmente pacífica, aun a pesar de las dificultades que encierra. Ciertamente, «los orígenes de la *locatio operarum* en el Derecho Romano son oscuros... No faltan apoyos para la razonable tesis de que es figura desgajada del arrendamiento de cosas y concretamente del arrendamiento —por su dueño a tercero— del esclavo considerado como una cosa... La transición se habría producido cuando el liberto arrendó su propio trabajo, cediendo originariamente los frutos del mismo al arrendador. Ni para la de que su forma más remota fuera «una autoventa o esclavitud sujeta a término» del trabajador libre...» (ALONSO OLEA, *Introducción al Derecho del Trabajo,* 4.ª ed., Madrid, 1981, págs. 125-126).

[8] *Deutches...,* I, cit., pág. 698.

rioridad en diversas formas de «encomendación» *(comendatio)*[9]. Se trata de un contrato del derecho de personas *(personenrechtlicher Vertrag)* y no de un contrato de obligaciones *(Schuldvetrag)*, que, creando una unión duradera jurídico-personal entre las partes, consiste «en la propia entrega a la prestación de un servicio sin sacrificio de la personalidad» y fundamenta derechos y deberes para ambas partes en base a una recíproca promesa de fidelidad *(gegenseitiges Treuversprechen)*. De ésta, había señalado ya GIERKE con anterioridad a este ensayo [10], surgen una gama de derechos y deberes recíprocos, acciones y omisiones sin necesidad para ello de negocio subsiguiente.

Por otra parte y además, GIERKE asemeja el contrato de servicio fiel a los que son propios del Derecho de familia. Estos originan asimismo una relación jurídico-personal entre el señor y el servidor de la que emanan derechos y deberes recíprocos basados igualmente en lo que para él constituye el concepto central: la fidelidad[11]. Por esta vía el contrato de servicio va a quedar impregnado del espíritu del Derecho de familia.

Fuera de la limitación de la libertad a la que queda sometido el servidor en razón a que está obligado a la obediencia y a la prestación del servicio, «de la reserva de la libertad se deduce que, en todo caso, no puede exigirse un servicio incompatible con la libertad»[12]. Esencial es esta matización de GIERKE; en base a la misma, frente al trabajo no libre, el contrato de servicio fiel supone la introducción de un «trabajo remunerado de base contractual y libre», situado contractualmente en el polo opuesto a la servidumbre[13].

Más adelante, sin embargo, al referirse al contrato de servicios domésticos *(Gesindevertrag)*, señala que éste se celebra por un período determinado, no, por tanto, como el contrato de servicio fiel, que supone una «obligación para toda la vida». Se refiere aquí genéricamente al contrato de servicio fiel.

---

9 Es encomendado *«qui si in alterius potestate commendat»* (la fórmula en EHRENBERG V., *Commendation und Huldigung nach fränkischen Recht*, pág. 11 y sigs., cit. por SINZHEIMER, *Grundzüge des Arbeitsrechts*, 2.ª ed., Jena, 1927, pág. 120). Este último autor señala que la *potestas* podía ser privada o pública, o ambas al mismo tiempo, dependiendo de si con el poder del servicio *(Dienstgewalt)* estaban o no ligadas competencias jurídico-públicas (ob. cit., pág. cit.).

10 «Schuld und Haftung im älteren deutschen Recht», en *Untersuchungen zur deutschen Staats- und Rechtsgeschichte*, Cuaderno, núm. 100, Breslau, 1900, pág. 134.

11 Fidelidad que, al ser personal, exigía una estrecha relación de servicio con un señor, no mencionándose como ocurre en nuestro Derecho, cuando se sirve a varios señores (v. GIBERT, *El contrato de servicios en el Derecho medieval español*, en «RPS», núm. 101, pág. 36).

12 La expresión la vuelve a utilizar GIERKE con posterioridad ya dentro de una descripción más amplia del contrato de servicio fiel: «Selbsthingabe in fremde Munt *unter Vorbehalt der Freheit* gegen Zusage dauernden Schutzes und Unterhaltes» *(Deutsches...*, III, cit., pág. 593).

13 Con respecto al contrato de vasallaje en el Derecho germánico, señala RODRÍGUEZ PINERO que, «pese a su carácter personal, la relación de fidelidad jugaba el papel de un contrato de trabajo remunerado, pues comprendía aparte de los deberes comunes de fidelidad, obligaciones de trabajo y remuneración» (ob. cit., págs. 10 y 11).

Cual sea éste en concreto lo dice en otro lugar del ensayo: es el contrato de vasallaje que lo es por toda la vida, frente a los restantes tipos contractuales de servicio fiel que dan lugar —dice— a una unión duradera, sin, en efecto, explicitar más sobre la misma. Parece razonable pensar, por consiguiente, que cuando GIERKE se refiere a la inexigibilidad de un servicio incompatible con la libertad y a la ubicación de este tipo de servicio en el polo opuesto a la servidumbre, esté excluyendo la relación de vasallaje, que por constituirse por toda la vida —aunque lo fuere por consentimiento mediante pacto—, precisamente corta de raíz aquella «reserva de la libertad» al ser la temporalidad, «esencial al trabajo libre»[14] y sitúa ahora prácticamente esta relación en el mismo polo que la servidumbre. Se trata, en definitiva, de «la peculiar contradición de ser hombre libre y vasallo» que había señalado HEGEL[15].

En el transcurso de la Edad Media tiene lugar la progresiva transformación del contrato de servicio fiel propiamente dicho sin que en ningún caso desaparezca su contenido jurídico-personal. Dos direcciones adopta esta transformación: contrato feudal de derechos reales, lo que en cierto modo cosificó para el propio GIERKE la relación de servicios, y contrato del derecho de las obligaciones, en el cual «la subordinación jurídico-personal, así como la posición dominante, no constituía el fundamento, sino la consecuencia de la relación de servicio. Aquélla surgía del contrato obligacional directamente dirigido a la prestación del servicio remunerado y se daba solo en tanto y en cuanto la relación de servicio era su causa. De esta manera surgió el contrato de servicios del Derecho alemán. Se trata de un contrato nacido como una especie propia del contrato obligacional que tiene al mismo tiempo efectos jurídicos personales».

La fusión de los elementos obligacional y jurídico-personal la encuentra GIERKE en las fuentes existentes a partir del siglo XIII, en el denominado contrato de servicios domésticos *(Gesindevertrag):* «la más vieja y completa configuración del contrato de servicios»[16], una figura jurídica que perviviría todavía en Alemania hasta avanzado el siglo XIX[17]. Este contrato tiene su origen en el contrato de servicio fiel. Al igual que éste, supone, en su forma más antigua, una autoconstitución bajo tutela ajena *(Selbstergebung in fremde Munt),* aunque la tutela ahora haya quedado fuertemente debilitada[18]. Asimismo, como

---

14 ALONSO OLEA, ob. cit., pág. 27. En cuanto a la posición histórica doctrinal sobre los contratos por toda la vida desde mediados del siglo XVI, el mismo autor *De la servidumbre al contrato de trabajo,* Madrid, 1979; de este libro del prof. ALONSO OLEA existe traducción alemana de AURELIO e IRENE FUENTES ROJO, prólogo de F. GAMILLSCHEG, *Von der Hörigkeit zum Arbeitsvertrag,* Heidelberg, 1981.

15 Cit. por ALONSO OLEA, *Introducción...,* cit., pág. 144.

16 Sobre este contrato puede verse OGRIS, *Geschichte des Arbeitsrechts vom Mittelalter bis in das 19. Jahrhundert,* en «RdA», 1967, págs. 288 y 289 y la bibliografía aquí citada.

17 En este sentido ALONSO OLEA, *De la servidumbre...,* cit., páginas 106 y 107, y bibliografía aquí citada.

18 En nuestro Derecho, señala GIBERT que «las fuentes del Derecho local castellano ofrecen una frase sumamente expresiva para designar a toda suerte de criados y dependientes de un señor: «que comen su pan y hacen su mandado»» (ob. cit., página 35).

el contrato de servicio fiel, «determina la incorporación del servidor a la comunidad doméstica del señor, otorgándole tal circunstancia rasgos propios del Derecho de familia»[19], situándose así el arrendatario de los servicios, como decía BODINO, *in loco parentis*[20], y sin que en lo fundamental se hayan podido eliminar totalmente sus efectos, todo lo que produce «... una recíproca relación de confianza, que constituye el criterio superior a partir del cual se regula el comportamiento del señor y del servidor»[21]. No obstante lo dicho, señala GIERKE que está basado en el derecho de las obligaciones, teniendo como contenido esencial la promesa de obligaciones recíprocas: servicio y retribución durante su duración.

Importante es resaltar por su influencia habida sobre los demás contratos de servicios, la matización especial del objeto del contrato de servicios domésticos. KANT lo diferenciaba del arrendamiento de servicios común en el hecho de que «mientras que el asalariado contrata «un trabajo marcado y específicamente determinado..., se alquila para un trabajo determinado» (*... bestellete und spezifisch bestimmte Arbeit)*, el servidor doméstico «se obliga *a todo lo que es permitido (... su allem Erlaubten)* por el bien de la casa» del amo al que sirve»[22]. Más ampliamente, como señala OGRIS[23], este contrato, caracterizado por un fuerte matiz jurídico-personal, no tenía como objeto la ejecución de prestaciones singulares o con referencia a trabajos determinados, sino que estaba dirigido a abarcar en su totalidad la fuerza de trabajo del obligado al servicio[24]. Con el apoyo en GIERKE,

---

19 Con anterioridad había señalado GIERKE en *Die soziale Aufgabe des Privatrechts* que, «además de los lazos naturales de la familia, el Derecho privado tiene que regular también las uniones formadas, cuya naturaleza solo puede ser calculada cuando se concibe y moldea como estructura jurídica personal». Dentro de éstas menciona las «asociaciones de dominación» en las que incluye a los domésticos señalando que respecto a ellos no basta el simple derecho de obligación, «sino que es menester que se cumpla y se reforme mediante los principios jurídicos familiares» (cit. por RODRÍGUEZ PINERO, ob. cit., pág. 5, nota 10).

20 Cit. por ALONSO OLEA, ob. cit., págs. 20 y 21.

21 Todo lo que tampoco fue ignorado por nuestro Derecho. Señala a este respecto BAYÓN CHACÓN, que si bien en la relación laboral doméstica «el sentido contractual se acentúa... y las dos partes se encuentran, pues, en oposición jurídica y no en colaboración a una empresa más o menos común; sin embargo, en la práctica existe un sentido patriarcal, de comunidad de intereses, reflejado en un deber de asistencia y ayuday un deber de fidelidad» *(La autonomía de la voluntad en el Derecho del Trabajo. Limitaciones a la libertad contractual en el Derecho Histórico Español,* Madrid, 1955, pág. 252).

22 En ALONSO OLEA, ob. cit., pág. 101. «Con lo que —continúa el citado autor en pág. 102— el primero no está sujeto, hubiera dicho SUÁREZ, sino a lo obligado por razón de su oficio, base implícita del contrato, mientras que el segundo —aunque a este segundo SUÁREZ le hubiera llamado siervo, sin ambages— está sometido a cualesquiera órdenes, con la única limitación de que éstas no nieguen su calidad personal, de forma que, KANT ya aquí de nuevo, no se haga «degenerar el *uso* de la libertad de otro [adquirido por contrato] en *abuso*»». (Todas las cursivas del autor.)

23 Ob. cit., pág. 288.

24 Como decía HOBBES, el servidor doméstico ha de hacer todo lo que se le mande «en cuanto el Derecho lo permita y no más», es un «servidor obligado por su condición a hacer lo que se le mande» (cit. por ALONSO OLEA, ob. cit., pág. 39).

señala que «éste [el servidor] no alquilaba su trabajo, sino que se alquilaba a sí mismo[25]»; estaba siempre y sobre todo obligado a emplear su fuerza de trabajo en el interés de su señor[26].

Los términos tan tajantes con los que se describe el objeto del contrato de servicios domésticos, parecen constituir, en definitiva, la propia persona como objeto del mismo[27]; de aquí que probablemente MENGER viese en este contrato, en contraposición con GIERKE, una forma de esclavitud[28], y que el mismo KANT haya recurrido a una construcción jurídica muy particular para encajar este contrato sin distorsiones dentro de su construcción general de que «nadie puede por un contrato obligarse a una dependencia por la cual cese de ser persona», y de que nadie puede «obligarse para con otro por medio de un contrato de servidumbre[29]. O cuando menos lo que se contem-

25 Merece la pena volver a transcribir textualmente el pensamiento de GIERKE al respecto vertido en su ensayo: «no puede hablarse de un arrendador y arrendatario del servicio, sino que el que sirve se alquila y el señor lo alquila a él. Es la persona como tal la que se introduce y es aceptada en la relación jurídica»; lo que, en definitiva, podría decirse no es sino una manifestación de lo que constituye su «posición general que casi instintivamente rechaza el arrendamiento *de los servicios* aislando éstos de quien los presta» (ALONSO OLEA, ob. cit., página 107. La cursiva del autor).

26 Tal carácter no dejaría de tener influencia en nuestro Derecho. Así, señala BAYÓN CHACÓN la acentuación de los vínculos serviles en el servicio doméstico regulado al estilo romano tal vez por posible influencia germana (ob. cit., págs. 236 y 237). Desde una perspectiva más general y amplia indica GIBERT que «las fuentes propiamente visigóticas revelan una acentuación en el carácter servil de las relaciones laborales» (ob. cit., página 132).

27 Lo que por cierto tampoco fue extraño a nuestro Derecho (sobre esto v. GIBERT, ob. cit., pág. 64).

28 *Das bürgerliche Recht und die besitzlosen Volklassen,* 1890, ob. cit., pág. 182. Para SUÁREZ, la distinción entre siervo y criado estaba precisamente en que el siervo estaba obligado a obedecer a su amo, mientras que los criados solo deben obediencia «en lo que por su oficio están obligados a hacer», distinción ésta que asumiría también LOCKE un siglo después (cit. por ALONSO OLEA, ob. cit., págs. 29 y 54-55, respectivamente).

29 Cit. por ALONSO OLEA, *ob. cit.,* pág. 97; «ni, por tanto —explica este último—, a prestar servicios o trabajos que, incluso aunque sean por su naturaleza permitidos, serán «*indeterminados* en cuanto a su grado», porque esto equivaldría a un sometimiento absoluto a la voluntad del adquirente, que en realidad quedaría convertido en propietario de quien los ofrece, y éste, por tanto, en esclavo de aquél». Al afirmar KANT en este contrato, como explica ALONSO OLEA, «que «puedo llamar mío... a un criado», como a alguien que está «bajo mi poder y en mi posesión», como algo que «poseo por mi simple voluntad, mientras y donde quiera que exista». La noción de posesión jurídica se extiende, de este modo, a las personas «en cuanto pueden formar parte de los bienes de alguien; por ejemplo, la posesión... de un criado»... tiene incluso que crear para encajar esta extraña figura de una persona que sin dejar de serlo puede ser objeto de posesión, una nueva categoría de derecho intermedio entre el derecho real y el personal, al que denomina derecho mixto, «derecho personal de modo real», «es decir, *real-personal (ius realiter personale),* de la posesión (aunque no del uso) de otra persona como de una cosa»... Lo que el amo de casa tiene como suyo es precisamente una persona...; esto es, algo que si bien se posee como si fuera una cosa lo es en virtud de un modo de posesión que no menoscaba la personalidad del así poseído; una especie de usufructo... Concluye admitiendo que, precisamente en el caso de los servidores domésticos, nos hallamos ante «un título jurídico extraño... del que, sin embargo, se ha hecho uso pacífico desde siempre»» (ob. cit., págs. 99-101).

pla como objeto del contrato es una fuerte y genérica puesta a disposición del obligado al servicio en virtud de la fuerte subordinación y sometimiento a su señor[30]. La especial relación de confianza que engendraba tal supuesto contractual, determinaba que se contrataba no «el servicio», la actividad de una persona cualquiera, sino en primer término «una persona determinada» al servicio de otra, servicio evidentemente entendido de manera muy amplia, tan ampliamente, que hace incluso difícil de aceptar la construcción de KANT expuesta[31], pues, en definitiva, como indica ALONSO OLEA, «no describe sino una situación servil, que en el fondo es muy difícil de eliminar de todos estos pseudo-contratos comunitarios germánicos, incluidos los de «servicio fiel», y que, desde luego, los separan con toda claridad de las locaciones de raíz romana como figuras contractuales»[32]. Por otra parte, el carácter servil no logra desaparecer, aunque se señale, como el propio GIERKE lo hace, que tal contrato no supone una obligación de por vida, sino que se celebra por períodos de duración determinada y que, por tanto, requiere la renovación del consentimiento para proseguir con la relación de servicio, porque de lo contrario se pone en peligro la libertad personal del servidor[33]. Pero si la libertad personal del servidor no se encontraba amenazada en cuanto al tiempo del servicio, sí lo estaba, sin embargo, en cuanto a la actividad. Habría que llegar a la doble y fundamental exigencia hegeliana para estar ante una situación contractual verdaderamente libre: «ni todo mi tiempo ni toda mi actividad», pues, «...el hombre no puede enajenar la totalidad de sus facultades: enajenaría su personalidad»[34]. Positiva, formulándola en términos actuales, es la reflexión de que a través de la relación personal que se establece entre *Herr* y *Diener* vislumbra GIERKE en cierto modo el carácter *intuitu personae* que subyace en y es inmanente a la relación de trabajo, pues, por una parte, como él mismo señala, tal relación se extinguía, entre otras causas, por muerte del servidor, pero no necesariamente por la muerte del señor, lo que pone asimismo de manifiesto la relevancia, por la que GIERKE tanto se esforzó, del ingreso del servidor en la comunidad doméstica, con lo que, y como hoy en día, el servicio se dirige en primer término a la comunidad (empresa), aunque nos encontremos con el «dato organizativo» de que

30 Dato éste tampoco ignorado en nuestro Derecho histórico (v. GIBERT, ob. cit., págs. 30 y 34). «En términos modernos se diría que es la distinta amplitud de la dependencia o subordinación jurídica del trabajador, la amplitud de su sumisión a órdenes, la que distingue ambos tipos de contrato de trabajo entre sí» (ALONSO OLEA, ob. cit., pág. 102).

31 «Que tan artificiosa nos parece hoy y que incluso estaba al borde del anacronismo en la época en que escribe» (ALONSO OLEA, ob. cit., pág. 99).

32 Ob. cit., pág. 102.

33 V. también OGRIS, ob. cit., pág. 288. En nuestro Derecho señala GIBERT respecto de la prestación de servicios en general que «la limitación en el tiempo es una garantía de libertad del sirviente. Separa el régimen de contrato libre del régimen de prestaciones laborales forzosas, que tenían carácter vitalicio y hereditario, pero el espíritu de todas las normas en las fuentes medievales rechaza tal posibilidad» (ob. cit., pág. 62).

34 Cit. por ALONSO OLEA, ob. cit., págs. 123 y 222, respectivamente. Con esto, señala el mencionado autor, desaparece la figura intermedia que había elaborado KANT.

ésta está representada y dirigida por el señor (empresario)[35]; por otra parte, y en estrecha conexión con lo anterior, la necesaria unión y relación entre servicio y servidor, entre trabajo y persona del trabajador. El propio GIERKE señala, transcribiendo una glosa, «la diferencia es ésta: o bien uno se alquila a sí mismo o alquila su trabajo; si alquila su trabajo, entonces puede enviar a otro, pero si se alquila a sí mismo, entonces tiene el deber de no hacer esto». GIERKE recurre al contrato de servicios domésticos para resaltar la pervivencia del espíritu jurídico germánico en el desarrollo de las distintas clases de relaciones de servicios. De esta manera, junto al contrato de servicios domésticos, el progresivo desarrollo en las ciudades[36] de las distintas especies del contrato de servicios[37], participa asimismo para GIERKE de las características esenciales y de las peculiaridades propias y fundamentales de las figuras jurídicas en cuyo seno está el origen del contrato de servicios[38]. En todas aquellas formas, junto a las obligaciones de prestación del servicio y de la retribución se da, en mayor o menor grado, pero siempre presente, el ingreso del obligado al servicio en una comunidad doméstica, industrial o política y el nacimiento de una relación jurídico-personal basada en la lealtad[39]. El paralelo que pretende establecer es evidente. Señala, en efecto, NIKISCH[40] como la idea de la entrada en la comunidad doméstica *(häusliche Gemeinschaft)* del obligado al servicio, trasplantada a otros contratos, consiguientemente el ingreso del trabajador en otras comunidades, sir-

---

[35] Aunque es evidente que aquí los límites entre prestación de trabajo como noción jurídica personalísima sean ciertamente borrosos con la noción sociológica de que exista o no una relación personal entre las partes del contrato, lo que hoy en día no debe ni permite ser objeto de confusión (v. ALONSO OLEA, *Derecho del Trabajo,* 6.ª ed., Madrid, 1980, págs. 34 y 35).

[36] Sobre la trascendencia de la ciudad medieval en los orígenes del trabajo libre por cuenta ajena (v. ALONSO OLEA, *Introducción...,* cit., pág. 151 y sigs.).

[37] Sobre el desarrollo histórico de tales contratos desde la Edad Media hasta el mismo siglo XIX (v. OGRIS, ob. cit., página 286 y sigs., y la bibliografía allí citada).

[38] El cambio que observa GIERKE lo explica de la manera siguiente RODRÍGUEZ PINERO: «La aparición de una economía urbana y el desarrollo posterior transforman el contrato originario en un contrato obligatorio y patrimonial que si cambia la originaria relación de fidelidad, no puede equipararse con la *locatio conductio operarum* romana, pues, heredados de la época anterior, contenía una serie de efectos personales, ahora accesorios. Había tenido lugar una «inversión» del viejo contrato de vasallaje, en el que las prestaciones de trabajo y de remuneración eran manifestaciones accesorias de la relación personal, mientras que en el contrato de servicio el objeto fundamental del contrato consistía en estas prestaciones de trabajo y remuneración, siendo consecuencia de ello y elementos en cierto modo accesorios los derechos personales. Las raíces de los vínculos personales existentes en el contrato de servicio han de encontrarse en este origen histórico que explica el origen de la supremacía del dador de trabajo y la subordinación del trabajador, elementos fundamentales del contrato de servicio, vínculo obligatorio con una envoltura personal que no le desliga enteramente del derecho de personas» (ob. cit., pág. 11).

[39] Incluso señala GIERKE para aquellos supuestos en los que no se da un ingreso permanente del trabajador (por ejemplo, en casos de retribución diaria), la relación era subsumible transitoriamente al menos en la correspondiente al señor con el servidor.

[40] *Arbeitsrecht,* Tübingen, 1951, pág. 7.

vió a menudo para reforzar el fuerte carácter jurídico personal que de por sí éstos ya poseían. La postura de GIERKE no ha sido admitida sin reparos en la doctrina. EBEL[41] se opone al parecer, «romántico», de GIERKE por considerar históricamente no confirmado que el origen del contrato de servicios está en el Derecho germánico y no en la *locatio* romana, y que las diferentes clases de contratos de servicios del Derecho alemán suponían solamente meras diferenciaciones del contrato de servicios domésticos, el cual, por su parte, se remontaba a un puro contrato de servicio fiel de carácter jurídico-personal. Señala RODRÍGUEZ PINERO que al analizar EBEL la situación contractual de los oficiales, de los maestros artesanos, de los marineros y de los mineros, concluye «que no se trata en estos casos de un perfeccionamiento o desarrollo de un pacto de fidelidad o una *commendatio,* al faltar el «señorío» *(Grundherrschaft)* como fundamento de la relación de dependencia, sino la existencia de un contrato de trabajo obligatorio libre no de naturaleza personal, sino obligacional, el contrato de servicio»[42]. Posición semejante es la mantenida por OGRIS. Aunque la procedencia de las diferentes clases de contratos de servicios no está aclarada todavía hasta el momento de manera satisfactoria, califica no obstante la postura de GIERKE, como ya lo había hecho EBEL, de *stark romantisierende,* por cuanto no es probable que las múltiples y a menudo considerables diferencias en las relaciones de trabajo de la Edad Media, hayan tenido todas ellas un origen común único, dado además la gran variedad de fuentes de las que aquéllas surgieron[43]. Critica asimismo la existencia sin excepciones, como parece hacer creer GIERKE, de una relación jurídico-personal en todo contrato de servicios, pues su celebración no conllevaba forzosamente al nacimiento de relaciones jurídico-personales entre las partes, pues al basarse tales relaciones en el poder del amo, solamente surgían cuando el trabajador por motivos técnicos-laborales ingresaba en la comunidad familiar de su señor[44]. Por el contrario, cuando no era exigida o posible una tal pertenencia a la casa del empresario, la relación de trabajo carecía consiguientemente también de todo elemento jurídico-personal[45]. Pero aun aceptando que el pretendido origen común de GIERKE

[41] *Gewerbliches Arbeitsvertragsrecht im deutschen Mittelalter.* «Weimar», 1934.

[42] Ob. cit., pág. 12. En esta misma página y en la siguiente puede verse más detenidamente la crítica de EBEL a la postura de GIERKE.

[43] Ob. cit., págs. 287, 293 y 294, nota 31.

[44] Caso, por ejemplo, del servidor doméstico *(Gesinde)* ampliamente comentado; de los dependientes auxiliares *(Handlungsgehilfen),* cuya relación de servicio se caracterizaba por un fuerte rasgo patriarcal; o de los oficiales artesanos *(Handwerkgesellen),* cuyo contrato tenía —aparte de su significado cooperativo o asociativo al pasar a formar parte del gremio— un fuerte carácter jurídico-personal, al entrar por regla general en la comunidad familiar de su empresario, quedando así sometido a su poder doméstico *(Hausgewalt)* (así, OGRIS, ob. cit., págs. 289, 292 y 294).

[45] Caso, por ejemplo, de los mineros *(Bergleute),* cuyo contrato no tuvo nunca una fuerte fisonomía jurídico-personal, sino que, por el contrario, se puso claramente de manifiesto su contenido obligacional y su conformación sobre la base del intercambio de trabajo por salario; de los jornaleros y peones *(Taglöhnern)* en la construcción y parcialmente en la industria textil (así, OGRIS, ob. cit., págs. 291 y 293).

no pueda ser admitido sin reservas, y aceptando asimismo el hecho de la existencia de relaciones laborales, cada una con su propia regulación, lo que producía la inexistencia de un Derecho del trabajo subsidiario de carácter general o, cuando menos, de un derecho contractual del trabajo[46], lo cierto es que, cuando menos, la construcción de GIERKE ha tenido reflejo en la realidad en el sentido de poner de relieve una serie de caracterizaciones comunes a la práctica totalidad de los contratos nacidos del contrato de servicio fiel y del contrato de servicios domésticos[47].

Y es así como a decir de SINZHEIMER [48] fue GIERKE el primero en reconocer y diagnosticar la esencia del contrato de trabajo. Frente a romanistas como WINDSCHEID que colocaron aquél dentro del esquema del arrendamiento y lo consideraron exclusivamente como una pura relación cambiaría obligatoria, GIERKE —contrariamente a LOTMAR, el cual había partido del Derecho romano, presidiendo tal punto de partida su concepción jurídica del contrato de trabajo[49]—, concibiendo su núcleo como uno de carácter jurídico-personal, ve, consiguientemente, no solo una relación de intercambio de trabajo por salario, sino también la *Einordnung* de la persona en su totalidad hacia un fin que provoca la necesidad de la existencia de una regulación ajena a la mera obligación y que, por consiguiente, explica la existencia en el mismo de caracteres jurídicos singulares. Gracias al Derecho germánico medieval y a la potenciación de su espíritu por GIERKE, el contrato de servicios no se quedó en un mero intercambio de trabajo y remuneración, sino que, al potenciarse el carácter humano-personal de la relación, ésta fue contemplada más como una comunidad laboral que como una relación de intereses contrapuestos, lo que hizo resaltar fuertemente la existencia característica en tales relaciones de un deber mutuo y recíproco de fidelidad que obligaba a cada una de las partes del contrato[50].

Una excepción a lo anteriormente señalado la constituye el contrato de obra al que de pasada se refiere GIERKE, de origen más antiguo que el propio contrato de servicios, al no fundamentar aquél una subordinación de naturaleza jurídico-personal. También GIERKE reconoce y se pliega ante las dificultades que implica diferenciar el contrato de servicios *(Dienstvertrag)* del contrato de obra *(Werkvertrag)*, lo que le da la oportunidad de volver a incidir sobre la caracterización del contrato de servicios: desde el punto de vista conceptual y basándose en diferencias históricas contrastadas distingue[51] entre contratos

---

46 Así, OGRIS, ob. cit., pág. 287.

47 V. NIKISCH, ob. cit., pág. 7; OGRIS, pág. 294; RODRÍGUEZ PINERO, ob. cit., págs. 12 y 13.

48 Ob. cit., pág. 404.

49 V. SINZHEIMER, *Philipp Lotmar und die deutsche Arbeitsrechtswissenschaft*, en «*Arbeitsrecht...*», cit., págs. 409, 412 y 413.

50 Así, OGRIS, ob. cit., pág. 294; en sentido semejante, NIKISCH, *Arbeitsrecht*, I, Tübingen, 1961, pág. 13 y sigs.; en sentido divergente, MAYER MALY, *Römische Grundlagen des modernen Arbeitsrechts*, en «RdA», 1967, pág. 281 y sigs.

51 Con posterioridad profundiza en la distinción en su *Deutsches Privatrecht*, III, cit., págs. 590-593.

de servicios que suponen un contrato organizativo *(organizatorischer Vertrag)*, cuya función consiste en la organización del trabajo a través de su inserción en un todo de poder dirigido, y por el que se debe *ein Wirken;* y contrato de obra, cualquiera que fuese la clase, categoría o modalidad de la obra a realizar, que supone una operación de trueque o intercambio *(Austausgeschäft)*, como medio de hacer útil para un tercero la actividad independiente, debiéndose en él *ein Werk*[52].

***

El espíritu individualista que incidió fuertemente en la relación de trabajo[53], ocasionó el progresivo retroceso de los principios tradicionales germánicos, tales como que trabajador y empresario cooperan a la consecución de un objetivo común y que la relación de trabajo sea una relación de naturaleza comunitaria caracterizada por el principio de la recíproca lealtad y protección[54]. En el transcurso del siglo xix y bajo la influencia de la industrialización decrecen en importancia estas concepciones germánicas, manteniéndose solamente, como indica NIKISCH[55], en el ámbito de las relaciones «patriarcales», especialmente en las zonas rurales[56], favoreciéndose así la despersonalización de la relación de trabajo, fenómeno más apreciable a medida que la empresa crecía en tamaño y extensión. El contrato de trabajo se redujo de esta manera a un puro fenómeno de intercambio económico de trabajo por salario. A su través, devino aquél en mercancía sujeta a las leyes del mercado de la oferta y la demanda. El empresario busca comprar la «mercancía» que el trabajo representa lo más barata posible y el trabajador vender su fuerza de trabajo lo más cara posible[57]. Con el advenimiento del liberalismo económico hacia finales del siglo XVIII y comienzos del siglo XIX, se refuerza, por consiguiente, la concepción romana del contrato de servicios como un contrato destinado solamente al intercambio de trabajo por remuneración. Se abandona, por tanto, la regulación minuciosa del trabajo de los siglos XVII y XVIII y se debilita muy

52 Sobre sus discrepancias en este ámbito con LOTMAR, además de lo que el propio GIERKE apunta en el ensayo que se comenta, v. SINZHEIMER, ob. cit., pág. ci.

53 Señala NIKISCH (ob. cit., pág. 9) que la dependencia personal que surgía para el trabajador con su entrada al servicio de otro no guarda relación con el ideal de libertad e igualdad que de Francia se había extendido a Europa: «no se quería ser por más tiempo servidor». El hecho social del trabajo dependiente había permanecido en su esencia ciertamente inmodificado; no obtuvo, sin embargo, más reconocimiento en lo que suponía de vinculación personal.

54 Así, HUECK-NIPPERDEY, *Lehrbuch des Arbeitsrechts*, I, 7.ª ed., Berlín-Frankfurt, 1963, págs. 8 y 9.

55 Ob. cit., pág. 6 y sigs.

56 El debilitamiento de los deberes asistenciales y de protección fue probablemente como indica ALONSO OLEA, por lo que FICHTE «pidió insistentemente a los «grandes terratenientes alemanes» que no desistieran de sus obras asistenciales pese a la eliminación de las relaciones de servidumbre...» *(La abstención normativa en los orígenes del Derecho del Trabajo moderno*, en «Estudios de Derecho del Trabajo», en memoria del profesor GASPAR BAYÓN CHACÓN, Madrid, 1980, pág. 20, nota 21).

57 V. HUECK-NIPPERDEY, ob. cit., pág. 9.

fuertemente la importancia que el Derecho germánico había concedido, junto a la protección de los intereses de las partes del contrato, al trabajo en el conjunto de la vida económica y social, perdiendo así aquél su contenido social[58].

En tal estado de cosas, que no daba respuesta a la cada vez más acuciante «cuestión social», surge la idea —a la que en buena medida contribuyó el hecho de la fundación del Imperio alemán, ocurrida en 1871— de hacer una refundición de los códigos y del derecho consuetudinario de los *Länder,* pero sin el propósito de conseguir nada nuevo, ni introducir cambio alguno, ni emprender ningún tipo de reforma social, sino simplemente la unificación y simplificación del Derecho privado existente disperso hasta ese momento en los derechos particulares[59].

El propósito de acometer meramente una refundición sin cambios ni novedades, el relegamiento del espíritu social y la asunción de los principios jurídicos romanos, difundidos prácticamente en toda Europa ya desde comienzos del siglo XII e impulsados fuertemente durante la primera mitad del siglo XIX por SAVIGNY y su Escuela Histórica del Derecho, son los postulados fundamentales con los que se inicia la idea de la codificación y los que en sustancia va a combatir GIERKE por considerarlos en detrimento del Derecho germánico, un derecho cuya oportunidad de recuperar y rejuvenecer frente al liberalismo se presentaba ahora con la codificación. De esta manera, como señala LARENZ[60], frente a la satisfacción que el Derecho Romano daba a los deseos del liberalismo, se plantea GIERKE en el año 1889, con anterioridad, por tanto, a la promulgación del BGB ocurrida en 1896, la cuestión relativa a la misión o tarea social del Derecho privado[61], iniciando un duro ataque al primer proyecto del BGB[62], ciertamente influenciado, como después lo estaría el propio BGB, por la situación económico-política y la doctrina dominantes[63].

58 En este sentido, v. OGRIS, ob. cit., págs. 294, 296 y 297.

59 Sobre esto y en tal sentido, v. LARENZ, *Introducción al BGB,* edición alemana del BGB, C.H. Beck, München, 1975, página 12.

60 Ob. cit.

61 *Die soziale Aufgabe..., cit.* pág. 23. Señala SINZHEIMER que GIERKE combatió la idea de que el Derecho privado tenga utilidad solamente para los particulares, por cuanto las relaciones de él originadas, son también un medio de cultura que asimismo debe servir y ser de utilidad para el bienestar de la sociedad, siendo esta idea social inmanente a la totalidad del Derecho privado. Propiedad y libertad contractual tienen sus límites en los principios sociales que deben actuar así como correctores de la libertad de contratación, incluida la contratación laboral *(Otto von Gierkes,* cit., págs. 403 y 404).

62 *Der Entwurf...,* cit.

63 «Dado que los juristas alemanes del siglo XIX, sin que importe el territorio de Alemania en que ejercieron su actividad, habían recibido su formación jurídica en las Universidades mediante conceptos de la jurisprudencia del Derecho común en orden a las fuentes del Derecho romanas, no puede causar extrañeza que se partiese de éstas, remontándose a los orígenes, también al concebir el Código Civil» (LARENZ, *Derecho Civil. Parte General,* Madrid, 1978, pág. 68).

GIERKE censura la parca regulación en el proyecto del BGB del contrato de servicios en relación a su trascendencia práctica y real, así como la concepción de la libre compraventa del trabajo como mercancía, lo que lo asemejaba a la esclavitud[64], mostrando así la ficción que supone la libertad contractual absoluta en el marco del derecho contractual de servicios[65]; censura asimismo la insuficiente consideración que el proyecto hacía sobre el significado de la misión social del Derecho privado *(unser Privatrecht wird sozialer oder es wird nicht sein)*[66], poniendo así, al mismo tiempo, los fundamentos para la consideración del Derecho del trabajo dentro del marco del Derecho social[67]. Llama también la atención sobre el deber de fidelidad sin que su postura encontrase eco ni en el BGB ni en la doctrina que lo consideraba sumamente vago e impreciso, no reconociéndolo como deber jurídico, sino meramente como deber moral[68], o que pensaba en la existencia del deber de realizar escrupulosamente el servicio encomendado sin necesidad de recurrir a un deber de fidelidad[69]. Se puede así decir, con RODRÍGUEZ PINERO, que GIERKE acusó duramente a los redactores del Proyecto de haber elaborado una figura del contrato de servicio «romanista, impopular, individualista, asocial, falta de novedad, contraria a la tradición germánica y abstracta»[70].

Si bien es verdad que los ataques críticos de GIERKE y sus correlativas propuestas no tuvieron gran impacto[71], no lo es menos que sus esfuerzos no

---

64 El proyecto ignoraba, en opinión de GIERKE, el hecho de que las relaciones contractuales de servicios, al estar dirigidas hacia una actividad duradera así como a un objetivo determinado, abarcan la personalidad como tal, conteniendo así un *personenrechtliches Element (Entwurf...,* cit., pág. 191; *Soziale Aufgabe...,* cit., pág. 25); sobre esto, v. asimismo WLOTZKE *(Leistungspflicht und Person des Arbeitnehmers in der Dogmatik des Arbeitsvertrages,* en «Rda», 1965, pág. 181), quien señala la preocupación de GIERKE por el sentido dogmático del contrato de trabajo, como un contrato que contempla la persona del trabajador en otro ámbito distinto al de los contratos patrimoniales, preocupación que, sin embargo, no había sido compartida por el Derecho de Pandectas (señala BAYÓN CHACÓN, ob. cit., pág. 37, que aun los grandes pandectistas alemanes como WINDSCHEIT y GLÜCK «estudian el arrendamiento de cosas y el de servicios dentro del capítulo dedicado a la *locatio* en general. Deshumanizada así la relación laboral, repercute el concepto real del trabajo en la propia personalidad del trabajador, que pasa también a ser una cosa, objeto de arrendamiento en determinadas circunstancias»), ni tampoco lo sería por el BGB.

65 *Entwurf...,* cit., págs. 104 y 192; v. también, *Soziale Aufgabe...,* cit., pág. 23.

66 *Soziale Aufgabe...,* cit., pág. 10.

67 V., en este sentido, pág. 268; LEHMANN, *Faktische Vertragsverhältnisse,* en «NJW», 1958, pág. 3; SINZHEIMER, *Otto von Gierkes...,* cit., pág. 403.

68 Así, LOTMAR, *Der Arbeitsvertragg,* II, 1908, pág. 859 y sigs.

69 Así, CROME, *System des deutschen bürgerlichen Rechts,* II, 1902, pág. 643; v. asimismo ENDEMANN, *Lehrbuch des bürgerlichen Rechts,* I, 1903, pág. 1088.

70 Ob. cit.

71 «Estas actitudes no modificaron mucho la redacción definitiva; solo posteriormente consiguieron más amplio espacio nuevas ideas jurídicas sobre las que el Código Civil apenas contenía más que los primeros indicios (como, por ejemplo, la responsabilidad por riesgo, la doctrina sobre el abuso de derecho, sobre la base de negocio, sobre la configuración de las «barreras sociales» a la propiedad, sobre el deber de fidelidad y asistencia en las

fueron totalmente baldíos. A este respecto señala SINZHEIMER que el hecho de que el BGB en la regulación del contrato de servicios no contemplase totalmente el espíritu romano, sino que hiciese ciertas concesiones al carácter personal de la relación de servicios[72], fue debido, además de la crítica de MENGER, a la infatigable crítica de GIERKE al primer proyecto[73]. En unión asimismo de MENGER logra GIERKE respecto del BGB, como indica BAYÓN CHACÓN, «que en su artículo 618 se aluda a un deber de protección o asistencia, introduciendo, pues, en el Derecho de obligaciones un principio de protección personal que vendría a dar un matiz especial al que aún no se llamaba contrato de trabajo»[74]. Asimismo ha sido GIERKE el primero en referirse al deber de protección del señor en caso de enfermedad del obligado al servicio, lo que tuvo su reflejo, no sin problemas, en el actual parágrafo 617 del BGB[75].

Se resistió así GIERKE al hecho de que la *locatio* romana de la mano del Derecho común se hubiera impuesto en el contrato de servicios y hubiese borrado la esencia de su carácter jurídico-personal, carácter que en su opinión, ya a tenor de lo que señala en el ensayo que se comenta, se reflejó en la normativa contenida en el BGB sobre las relaciones de servicio, si bien no en la medida que él hubiese deseado ni incluso en el grado que él afirma a tenor de la realidad, así como de las opiniones de la doctrina. De todas maneras, a través de sus críticas al primer proyecto del BGB, y en concreto al derecho contractual de servicios, éste ha conocido disposiciones de carácter jurídico-personal, procurando, al menos en una pequeña parte, una normativa que puso de manifiesto los problemas jurídicos y sociales de la población trabajadora.

Pero «apuntar» meramente los problemas del mundo del trabajo no resolvía ciertamente la «cuestión social». Aquellos «primeros indicios» conteni-

---

relaciones sociales y laborales, sobre los «deberes de protección» en la relación obligatoria y en la relación de negociaciones contractuales)» (LARENZ, *Metodología...*, cit., página 66; v. asimismo *Derecho Civil...*, cit., págs. 66 y 67). Influencia verdaderamente destacable en el BGB del Derecho germánico, solo la tuvo en lo referente al Derecho de familia y parcialmente en el ámbito del Derecho de cosas.

72 Lo que, en efecto, tuvo un reconocimiento posterior en la doctrina; v., por ejemplo, KASKEL-DERSCH, *Arbeitsrecht*, 4.ª ed., Berlín, 1932, pág. 143; SCHAUB, *Arbeitsrechthandbuch*, 3.ª ed., München, 1977, pág. 1.

73 Ob. cit., pág. 404. Su idea clásica, sigue señalando SIN-ZHEIMER, está siempre presente como advertencia: *«alles Vermögen ist nur um der Person willen da, und vor und über jeder vermögensrechtlichen Beziehung sthet das Recht der Persönlichkeit»*.

74 *Grandeza, crisis y renacimiento del laboralismo alemán* en «RFDUCM», núm. 1, 1957, pág. 21; v. también MOLITOR, *Das Wesen des Arbeitsvertrages*, Leipzig, 1925, pág. 95; HUECK- NIPPERDEY, ob. cit., pág. 10. Por otra parte, y dicho sea de paso, este precepto tuvo su reflejo en la legislación española a través del «Proyecto Potthoff» de 1923 (sobre esto v. RODRÍGUEZ PINERO, ob. cit., pág. 7, nota 13).

75 Otra cosa, lo que no impide el mérito y el esfuerzo de GIERKE, es que tal precepto en realidad hubiese quedado pronto sin virtualidad a causa de la implantación del seguro público de enfermedad, y que además haya quedado en la actualidad prácticamente sin significado en el ámbito del derecho contractual del trabajo, como lo demuestra la inexistencia de jurisprudencia del BAG al respecto.

dos en el BGB a que se refería LARENZ se revelaron totalmente insuficientes[76]; en el campo laboral —algo sobre lo que GIERKE había llamado repetidamente la atención—, el fracaso del BGB fue manifiesto[77].

Las consecuencias negativas del liberalismo produjeron, en opinión de GIERKE[78], la consiguiente vuelta al espíritu del Derecho germánico, para proceder así a una «nueva ordenación de conjunto del contrato de trabajo». Tal vuelta solo podría significar, por una parte, el regreso a la posición histórica[79] de la regulación heterónoma y gremial del trabajo, en detrimento de la autonomía de la voluntad de las partes, si bien ya paulatinamente en sus manifestaciones y formas más actuales: intervencionismo estatal y auto-tutela sindical plasmada en los convenios colectivos; y, de otra, volver a resaltar el elemento personal del contrato dentro del espíritu comunitario, adaptado en su forma a las circunstancias actuales en contraposición con las ideas romanas imperantes en el siglo xix, de las que se había servido la industrialización[80]. De esta forma, surgió un Derecho del trabajo que, y a costa de la libertad contractual[81], se asienta para GIERKE en tres pilares básicos sobre la concepción del contrato de servicios, que comprende a la vez, conexionándolos, elementos personales y patrimoniales: su función organizativo-profesional, su valor personal y su fuerza comunitaria, sin olvidar, como no lo olvida el propio GIERKE, el «derecho comunitario profesional» nacido de las asociaciones.

***

Una vez expuestas y fundamentadas las raíces germánicas del contrato de servicios, procede GIERKE a analizar, sin pretender hacerlo en detalle, algunos puntos que revelan asimismo la influencia del Derecho germánico en el contrato de servicios actual. Este, señala, que al igual que los contratos del antiguo Derecho alemán, origina una relación personal de señorío *(ein persönliches Herrschaftsverhältnis)*, relación que puede tener una muy diversa consistencia y duración, pero que siempre está presente[82]. El trabajador —

---

76 «Lo que los autores del Código Civil no habían percibido, o no habían incluido suficientemente en sus consideraciones, era el surgimiento de un nuevo estrato social, esto es, los obreros fabriles» (ob. cit., pág. 66).

77 LARENZ, ob. cit., pág. 69.

78 V. asimismo NIKISCH, ob. cit., pág. 8 y sigs.; OGRIS, ob. cit., pág. 294.

75 Posición histórica ésta de la heteronomía que es tradicional, tanto en Alemania (v. OGRIS, ob. cit., pág. 294), como en otros países, incluido España, y que constituye la regla y no la excepción (sobre esto, v. BAYÓN CHACÓN, *La autonomía...*, cit., págs. 28 y 29; GIBERT, ob. cit., pág. 134).

80 Así, NIKISCH, ob. cit., pág. 8.

81 Bien puede decirse, con SINZHEIMER *(Die Aufgabe der Rechtssoziologie,* en «Arbeitsrecht...», cit., II, pág. 110), que GIERKE divisa en la historia del Derecho una continua lucha entre unidad *(Einheit)* y libertad *(Freiheit).*

82 Presencia que asimismo afirma SINZHEIMER, puesto que si bien ya no existen ni el antiguo poder familiar ni el poder del señor, su esencia jurídica, sin embargo, anclada en la vieja *patria potestas* y en el *Muntgewalt* todavía sigue viva; de aquí que el problema del trabajo dependiente siga siendo para SINZHEIMER el problema fundamental del Derecho del trabajo *(Grundzüge...,* cit., pág. 11).

había señalado GIERKE más allá de la estrecha visión de la relación de trabajo como la materialización de un contrato entre los jurídicamente iguales—, a través de su entrada en una relación de trabajo, no solamente celebra un contrato de trabajo, sino que también ingresa en una entidad basada en un señorío[83]. La existencia de una relación de dominio en la esencia del trabajo dependiente es algo sobre lo que GIERKE había ya reflexionado con anterioridad en otros lugares. Pues, en efecto, GIERKE puso por primera vez de relieve[84] la importancia jurídica que encierra el hecho del ingreso del trabajador en un organismo empresarial[85]. El contrato de servicios no origina solamente una relación de crédito entre los particulares, sino que incorpora la personalidad misma a un organismo económico, cuya esencia consiste en que se trata de una comunidad jurídico-personal *(personenrechtliche Gemeinschaft),* de una *Gemeinschaft kraft herrschaftliches Gewalt* que tiene sus raíces en el Derecho de familia germánico, y que crea una solidaridad jurídico-personal de la que surge un deber de obediencia de los sometidos al señorío y un deber del detentador del mismo de asistencia y protección[86]. Con el apoyo en estos conceptos enlaza GIERKE la idea de que en una comunidad tal, junto al derecho particular *(Einzelrecht)* —que origina relaciones entre los hombres de carácter obligatorio, relaciones que son entre particulares *(Einzelverhältnisse),* los cuales efectúan intercambios individualmente— se encuentra el derecho unitario o uniforme *(Einheitsrecht),* que crea relaciones de naturaleza orgánica, relaciones que son unitarias *(Einheitsverhältnisse)* en las que los particulares dejan de ser tales para pasar a formar parte de un todo[87]. Como explica SINZHEIMER[88], a fin de que esta relación uniforme pueda existir, se necesita un poder jurídico que reúna y agrupe a los particulares bajo un mandamiento y un orden unitarios, siendo el poder el que dirige la unidad. Tal unidad forma una estructura objetiva: es un «sistema» en terminología de HOBBES que aplica el propio GIERKE,

83 Así, SINZHEIMER, *Otto von Gierkes...,* cit., pág. 405.

84 V. *Das deutsche Genossenschaftsrecht,* I, 1868, pág. 1036 y siguientes; *Die Genossenschaftstheorie und die deutsche Rechtsprechung,* 1887, pág. 803; *Entwurf...,* cit., págs. 192 y 193; *Soziale Aufgabe...,* cit., págs. 31 y 32, 40 y sigs.; *Deutsches Privatrecht,* I, cit., págs. 697 y 698. Sobre tales planteamientos de GIERKE puede verse asimismo RODRÍGUEZ PINERO, ob. cit., pág. 5, nota 10.

85 Consiguientemente criticó el primer proyecto del BGB, que partía de que las relaciones de trabajo en una empresa no suponían nada distinto de una suma de relaciones individuales obligatorias entre individuos libres e iguales.

86 Sobre la relación y límites entre la asistencia y la protección en el Derecho alemán, v. DE LA VILLA GIL, *Los deberes éticos en el contrato de trabajo,* en «RDT», núm. 38, pág. 24.

87 La distinción que además de en GIERKE se encuentra en SAVIGNY *(Die Genossenschaftstheorie...,* cit., pág. 182, y *System des heutigen römischen Rechts,* I, pág. 340, respectivamente; sobre la misma, v. SINZHEIMER, *Grundzüge...,* cit., páginas 12 y sigs.), coloca, por tanto, junto al derecho particular *(Einzelrecht)* el derecho uniforme *(Einheitsrecht),* el *ius symbioticum* de que hablaba ALTHUSIUS, junto a los particulares, por tanto, el *ex personarum plurium comprehensione Corpus constans* (OTTO VON GIERKE, *Johanne Althusius und die Entwicklung der naturrechtliche Staatstheorie,* 1879-1880, págs. 48, 161 y 197; cit. por SINZHEIMER, ob. cit., pág. 12).

88 Ob. cit., págs. 12 y sigs.

un «ordo» en expresión de HOTOMANUS al que se refiere SAVIGNY, que llevan en sí mismas su ley y que, por lo tanto, los efectos derivados de su estructura no están determinados por la voluntad de los particulares, todo lo que significa para GIERKE que la relación de trabajo, en tanto en cuanto está presente una empresa tal, no se agota jurídicamente en el contrato de trabajo, sino que más bien, junto a esta relación individual que surge de aquel contrato, se enlaza una relación social *(Sozialverhältnis)* que somete al trabajador al mismo tiempo a un derecho asociativo *(Verbandsrecht)*[89].

En la concepción de GIERKE puede hablarse, sin embargo, de un cierto cambio estructural en sus apreciaciones sobre la relación de señorío, aunque él no lo haya manifestado expresamente. Mientras que en un primer momento describe la relación de señorío como una relación de fuerza *(Machtverhältnis),* en la que la personalidad del trabajador aparece tratada como una herramienta o instrumento *(Werkzeug),* de la que se sirve el detentador del poder para extender su señorío, caracterizada por consiguiente como objeto («... durch eine ihr als Werkzeug dienende fremde Persönlichkeit»)[90]; ahora ve, en la relación de señorío entre empresario y trabajador, tanto en el ensayo que se comenta como con posterioridad[91], una relación de poder *(Gewaltverhältnis),* que supone al mismo tiempo una relación jurídica *(Rechtsverhältnis)*[92]: a su través se obliga a una actividad personal encaminada a los objetivos y necesidades de otra persona que no es sino el empresario, quien está, por tanto, habilitado para disponer de la fuerza de trabajo del trabajador. En cuanto que, sin embargo, prestación y personalidad se encuentran indisolublemente unidas, se otorga un poder sobre la persona como tal. El cambio es, a nuestro juicio, más importante de lo que a primera vista pudiera parecer, pues se ha pasado de otorgar un poder sobre la persona inseparable de la prestación de trabajo con lo que ciertamente podría calificarse la relación entre empresario y trabajador como una relación de «sujeto-objeto», a otorgar un poder sobre la prestación de trabajo inseparable de la persona, con lo que el trabajador ahora no viene ya más caracterizado como objeto, haciendo así GIERKE tránsito a la configuración moderna y actual del objeto del contrato de trabajo[93].

---

89 V. SINZHEIMER, ob. cit., pág. cit.; el mismo autor en *Otto von Gierkes...,* cit., pág. 404, quien además señala (pág. 405) que en tales ideas se encuentra el germen de la concepción científica del comité de empresa *(Betriebsrat).*

90 *Die Genossenschaftstheorie...,* cit., pág. 803; *Deutsches Privatrecht,* I, cit., págs. 271 y 701.

91 V. *Deutsches Privatrecht,* III, cit., págs. 610 y sigs.

92 Por lo que no hay así necesidad para GIERKE de transformar la relación de poder en una relación jurídica como pretendían algunos autores, entre ellos FLESCH (sobre esto, v. también SINZHEIMER, *Grundzüge...,* cit., pág. 11).

93 Aunque sin conseguirlo plenamente. Pues como señala DE LA VILLA GIL, que «la especial situación de subordinación en que se encuentra el trabajador en la relación contractual de Trabajo —elemento correlativo a una relación jerárquica en el decir de GIERKE— no supone sino que la *ratio* de la atribución al empresario de los poderes organizativos se deriva de la posición del trabajador, pero no de la entrega a aquél de un poder configurado como poder de dominio» *(Los deberes éticos...,* cit., pág. 23).

La existencia de la relación de poder es no obstante necesaria para Gierke entre el sujeto y la organización de la que forma parte. Es impensable una organización jurídica sin la sumisión de sus miembros a un poder directivo. Para Gierke, la empresa no es una obra *(Werk)* de carácter impersonal, ni tampoco una comunidad en la que exista una armonía laboral, sino sencillamente «un conjunto organizado monárquicamente, cuyo único titular es el empresario y al que pertenecen, como miembros a su servicio, obreros y empleados»[94]. Considera así al trabajador como un *dienendes Glied in eine herrschaftliche Gemeinschaft*[95]. Su posición subordinada se acentúa al ampliarse jurídicamente el poder sobre la persona[96], cuando el servicio se presta dentro del ámbito de una comunidad señorial *(herrschaftliche Gemeinschaft)* de la que Gierke da ejemplos[96].

La cuestión subsiguiente estriba ahora en precisar cómo se materializa ese poder, quién está, en definitiva, habilitado para su ejercicio. Gierke es categórico al respecto: «el sujeto de este poder en la forma capitalista de la empresa solo puede serlo el empresario». La propiedad *(Eigentum)* deviene de esta manera en fundamento del trabajo dependiente, mostrando así una doble proyección: sobre las cosas y sobre las personas[98]. El empresario, diría con posterioridad Sinzheimer, siguiendo la línea de Gierke, dispone de la fuerza de trabajo y ejerce su dominio sobre las personas, precisamente porque él es el propietario[99]. Dicho con Marx, el alto mando en la industria es atributo del capital, como en la época feudal el alto mando era atributo de la propiedad[100].

---

94 En Sinzheimer, *Otto von Gierkes...*, cit., pág. 405; asimismo con referencia a Gierke v. Rodríguez Pinero, ob. cit., página 5, nota 10.

95 *Deutsches Privatrecht,* III, cit., pág. 610.

96 Sobre la influencia actual de los aspectos personales de la relación de trabajo en la estructura del poder de dirección, v. Montoya Melgar, *El poder de dirección del empresario,* IEP, Madrid, 1965.

97 Como las más importantes y frecuentes, menciona las comunidades doméstica, naval, industrial, comercial y funcionarial.

98 La propiedad, había dicho Jhering en su *Geist des römischen Rechts,* no arranca de un derecho de cosas de carácter especial *(Sachenrecht),* sino de un derecho de dominación de carácter general *(Herrschaftrecht)* (cit. por Sinzheimer, *Grundzüge...,* cit., pág. 25). El mismo Gierke ha señalado *(Deutsches Privatrecht,* III, cit., pág. 538), que «la propiedad alemana abarca tanto relaciones jurídicas personales como relaciones jurídicas patrimoniales. No se agota, por tanto, en la noción de un puro derecho patrimonial». Se revela, por tanto, «no solamente como dominio sobre las cosas, sino también como dominio sobre las personas» (Sinzheimer, ob. cit., pág. cit.); «como una relación entre personas procurada a través de las cosas» (Marx, cit. por Sinzheimer, ob. cit., pág. cit.).

99 Ob. cit., pág. 26.

100 Cit. por Sinzheimer, ob. cit., pág. cit. En efecto, como señala Bayón Chacón, en el capitalismo puro, «el organizador de la empresa no solo es el dueño, sino su monarca absoluto, y, en sentido a veces auténtico, los trabajadores sus súbditos o, al menos, simples servidores que en el régimen liberal ceden su trabajo a cambio del precio del mercado» *(Introducción al problema de la participación de los trabajadores en la empresa,* en «Diecisiete lecciones sobre participación de los trabajadores en la Empresa», Facultad de Derecho, Universidad Complutense de Madrid, 1967, pág. 13.

Pero GIERKE va más allá. La existencia de subordinación y consiguientemente de un poder de dirección surgidos ambos de la necesaria presencia de una relación de señorío basada en la forma capitalista de la empresa que faculta al propietario al ejercicio de este señorío, la afirma asimismo GIERKE, aun en los supuestos en que exista una limitación al derecho de señorío surgida de mecanismos representativos y/o participativos de los trabajadores, por cuanto señala «el contenido del poder que obliga a cada trabajador, individualmente considerado, permanece intacto»[101].

De esta manera pone de manifiesto la existencia de algo que todavía hoy sigue permanentemente de actualidad: la necesidad de una estructura jerárquica organizada dentro de la empresa con la consiguiente existencia de autoridad y de un poder de dirección en la misma («poder unitario dirigido hacia una meta», como textualmente lo concibe); la dificultad, en definitiva, de llevar a la práctica de manera satisfactoria la «democracia empresarial», como ha puesto de relieve nuestra doctrina[102]. La situación cambia, sin embargo, para GIERKE, si lo que contempla es el trabajo cooperativo, por cuanto en tales supuestos, dice, el trabajador se somete a un poder que procede de sí mismo y que delega a los órganos a los que, tambien él mismo, faculta o habilita para su ejercicio. Aquí no existe una relación de señorío al no darse el fundamento que para GIERKE exclusivamente la posibilita: *el contrato de servicios,* «por lo menos, mientras el Derecho del trabajo se base en la libertad contractual del Derecho privado».

Y esto, no es sino lo que ocurre en la actualidad con las relaciones de tipo societario, típicamente la empresa cooperativa, en la que el fundamento del

---

101 Expresión ésta de GIERKE que probablemente podría significar con palabras actuales que «se puede establecer límites a las facultades de mando en la empresa; pero estos límites siempre delimitarán un ámbito en el seno del cual continuará actuando sobre la relación de trabajo la voluntad del empresario» (ALONSO OLEA, *La revolución industrial y la emergencia del Derecho del trabajo,* Separata núm. 32 de la RT, pág. 43).

102 Valgan como ejemplos al respecto, de lo que bien puede decirse que es postura común, las opiniones de algunos de nuestros autores. Señala ALONSO OLEA «en cuanto hay empresa, esto es, en cuanto hay una colectividad humana trabajando para un mercado... tiene que haber una potestad de mando y de dirección confiada a alguien. Dicho de otro modo, la empresa parece ser una organización de cooperación posiblemente en cuanto a su fin, pero jerarquizada y autocrática en cuanto a su estructura interna. Es difícil pensar en una democracia empresarial» *(El futuro de la participación en la gestión,* en «Diecisiete Lecciones...», cit., pág. 285). Para MONTOYA MELGAR, a pesar de las limitaciones que puede ocurrir al poder de dirección del empresario, «existe, sin embargo, un reducto insalvable de poder del empresario que ha de mantenerse, si es que el contrato de trabajo aspira a mantener su actual estructura; ese reducto está constituido por la facultad de decidir «en primera instancia», de ser el órgano ejecutivo, sin perjuicio de que los trabajadores compartan ese poder funcionando como órganos representativos de control» (ob. cit., pág. 127); «no existen en la actualidad —indica DURAN LÓPEZ— modelos alternativos de organización del trabajo en los que quepa suprimir un principio de disciplina en la producción *(Las garantías del cumplimiento de la prestación laboral: el poder disciplinario y la responsabilidad contractual del trabajador,* en «RPS», núm. 123, pág. 62).

poder de dirección no está en un contrato de trabajo, sino en la decisión de las propias personas implicadas en el proceso productivo[103]. Pero lo, en definitiva, importante que subyace en todo esto, es que las reflexiones de GIERKE confirman la idea de que el fundamento jurídico del poder de dirección y la consiguiente subordinación del trabajo está, como se ha visto, en el contrato de trabajo, con Jo que bien puede pensarse que en este punto, sin perder de vista el horizonte del Derecho germánico, recoge o asume en cierto modo algunos de los postulados del liberalismo[104]. La concepción de la posición subordinada del trabajador se completa por GIERKE bajo la perspectiva de ser la relación de trabajo una relación obligatoria de tracto sucesivo[105], en posiciones que recuerdan a las mantenidas con anterioridad por REHM para quien la relación de trabajo, si bien en cuanto a su nacimiento resultaba de un contrato, constituyendo y reflejando una relación entre iguales *(Gleichgeordneten)*, en cuanto a su duración, en cambio, suponía una relación jurídica de poder[106].

Muy esporádicamente se refiere GIERKE a continuación a la relación funcionarial de Derecho público, indicando solamente que es hoy diferente en su situación y correlativa fundamentación a la relación laboral, pero que lejos de desaparecer la relación de señorío, se refuerza al producirse en su seno limitaciones más fuertes a la personalidad[107].

---

103 Aquí, «nos encontramos con que los socios cooperadores tienen que elegir a alguno de entre ellos e investirlo con los poderes autoritarios propios de la dirección, y aun en bastantes casos, en aparente paradoja, tienen que contratar a un no cooperativista, asalariado, y otorgar a éste la investidura, de forma que posiblemente el único asalariado en sentido estricto de la empresa cooperativa es justamente quien en ella tiene la facultad de mandar y de ser obedecido. Naturalmente, que puede pensarse que trayendo sus poderes el director de la empresa cooperativa, asalariado o no, de los socios cooperadores, en estos últimos radica el poder básico de nombramiento y de dirección. Y que esto constituye una diferencia básica respecto del régimen económico de mercado... y del régimen de economía centralizada...» (ALONSO OLEA, ob. cit., págs. 286 y 287).

104 La Revolución Industrial, como señala ALONSO OLEA, produce un cambio sustancial en el tipo de relaciones internas en la empresa. «El tipo de relación que se establece entre el que manda y el que obedece dentro de una empresa pasa, de ser una relación de dominio o de una relación de *status*, a convertirse pura y simplemente en una relación contractual, una relación paccionada montada sobre la decisión libre y voluntaria de quien manda y quien obedece. La mutación radical es que quien obedece ahora y quien como tal se somete a la disciplina de la empresa, es un ser libre que emite una declaración de voluntad que concuerda con otra declaración de voluntad que viene de la otra parte, del empresario, y de cuya concurrencia surge un pacto; a este pacto es al que denominamos contrato de trabajo» *(La empresa desde el punto de vista social,* en «La Empresa», IEP, Madrid, 1962, pág. 86).

105 *Dauernde Schldverhältnisse,* en «Jh. Jahrb.», 1914, tomo 28, págs. 409 y 410. Posteriormente también en *Deutsches Privatrecht,* III, cit., pág. 86 y sigs.

106 *Die verwaltungsrechtliche Bedeutung der Fabrikordnung,* 1894, pág. 147 (cit. por SINZHEIMER, ob. cit., pág. 11).

107 Lo que puede ser entendido con algunas referencias dispersas y aisladas que el propio GIERKE hace de los funcionarios: el significativo paralelismo existente entre funcionario y servidor («todavía el funcionario público —dice— se autocalifica con orgullo de servidor», si bien no se aprecia con claridad, como señala ALONSO OLEA en *De la servidumbre...,* cit.,

El contrato de servicios actual, señala GIERKE, no encierra solamente un derecho de señorío *(Herrenrecht)* en los términos que acaban de ser expuestos, sino también un deber de señorío *(Herrenpflicht)*. El reconocimiento de que la noción de poder *(Gewalt)* contiene el señorío como derecho y deber es ya antiguo[108], y ciertamente no solo en el Derecho germánico como GIERKE pretende[109], sino también, y lo que es más significativo, en el Derecho Romano. A este respecto ha señalado SINZHEIMER[110] cómo la concepción jurídica romana, a la que no siempre se tuvo en cuenta a la hora de la discusión sobre el aspecto obligacional del poder, ha sido expuesta de manera especial por BRINZ a través de la doctrina del *officium* del poder, particularmente del poder paterno y tutelar[111]. Asimismo a este respecto había señalado JHERING[112] que el amo *(Hausherr)* no ejerce este poder meramente en su propio interés, sino también y al mismo tiempo en el del Estado; aquél no supone solamente un derecho, sino también un deber, un cargo *(Amt)*.

El deber de señorío no se agota para GIERKE en el deber de retribución prometida, sino que abarca asimismo el deber de cuidado respecto de la persona obligada a prestar el servicio, lo que tuvo, como se ha visto, reconocimiento general en el BGB, concretizado posteriormente por un cúmulo de disposiciones jurídicas especiales tendentes a ampliar el deber de protección del empresario más allá de las prescripciones del BGB todo lo que reflejaba o pretendía reflejar en cierto modo la tradición del Derecho germánico en este ámbito, pues con anterioridad había ya existido una legislación proteccionista del empresario al trabajador. Claramente se ve cómo aquel deber de señorío se transforma en una protección al trabajador *(Arbeiterschutz)*, perviviendo así —dice GIERKE— el antiguo deber del señor en el contenido jurídico-personal de este deber de cuidado, sin que pueda ser separado de la propia prestación de servicios de la que precisamente surge como deber contractual. Caracteriza así al deber de protección como un deber de conducta general *(allgemeine Verhaltenspflicht)* nacido del contenido jurídico-personal del contrato de trabajo[113].

---

página 106, sí lo está diciendo en general o con referencia al Derecho suizo); las relaciones funcionariales dan lugar también, ya históricamente, a una relación jurídico-personal de fidelidad *(personenrechtlichen Treuverbältnis)* y en las que los rasgos del antiguo contrato de servicio fiel todavía no han desaparecido; y hoy en día en el *status* jurídico del funcionario se dan los elementos de obediencia y fidelidad, con lo que en este aspecto, como señala WLOTZKE no se diferencia la relación funcionarial de la laboral (ob. cit., pág. 190).

108 V. HERZFELDER, *Gewalt und Recht,* pág. 29 (cit. por SINZHEIMER, ob. cit., pág. 155, nota 1).

109 «Precisamente en esto, dice, se pone de manifiesto su origen germánico, dado que todo señorío germánico era a la vez una relación obligacional» (v. asimismo, *Die soziale...,* citado, pág. 17).

110 Ob. cit., pág. 155, nota 3.

111 V. también J. IGLESIAS, *Espíritu del Derecho romano,* Facultad de Derecho de la Universidad Complutense de Madrid, 1980, págs. 117 y sigs.

112 *Geist des römischen Rechts,* II, 1, pág. 197 (cit. por SINZHEIMER, ob. cit., pág. 155, nota 3).

113 V. también *Deutsches Privatrecht,* III, cit., pág. 624. De aquí se explica el actual fundamento del deber de protección incluso con la mención expresa a GIERKE, tal como, por ejemplo,

La progresiva regulación jurídico-pública del *Gewaltspflicht* produjo una relación jurídico-administrativa entre el empresario y el Estado[114]. GIERKE ve en esta regulación —cuyo avance sobre el Derecho privado tiene como causa la consideración del aspecto personal de la relación de servicios— normas que al mismo tiempo y además regulan la relación de trabajo, obligaciones impuestas por el Derecho público al empresario que afectan a su comportamiento frente al trabajador, siendo, por consiguiente, sus efectos no solo de Derecho público, lo que se aprecia claramente, dice, en el ámbito de la legislación protectora del trabajador[115], sino también de Derecho privado[116], de todo lo cual el propio GIERKE extrae una consecuencia esencial: la intervención del Derecho público conforma directamente el contrato de servicios, acrecentando su contenido jurídico-personal.

No obstante y precisamente por esta conformación directa del contrato de servicios por intervención del Derecho público, se provoca para GIERKE un segundo efecto o consecuencia fundamental que tampoco ha perdido actualidad: «el derecho del contrato de servicios resulta de tal manera presionado por el Derecho público que los derechos y obligaciones que se vinculan con la relación de servicios, quedan, en gran parte, fuera del ámbito del Derecho privado». Como ejemplo más característico trae a colación el seguro social obligatorio de Derecho público, que transforma y deja en cierto modo al margen el deber contractual de cuidado personal del empleador. Las obligaciones que de este seguro obligatorio surgen para el empleador, «no son básicamente deberes contractuales con respecto al trabajador, a pesar de que comienzan y terminan con la relación de servicio contractual». La situación es similar contemplada desde el lado del trabajador: «tampoco el deber del obligado a asegurarse, a efectuar las prestaciones que le incumben, constituyen deberes emergentes del contrato de servicios frente al señor del servicio».[117]

---

lo hace ALONSO OLEA «no tiene un fundamento unívoco, sino una pluralidad de fundamentos jurídicos todos los cuales reposan en última instancia sobre el contrato de trabajo. Aquella pluralidad unida al *carácter genérico del deber,* del que ya hablara GIERKE explica la gran variedad de concreciones de la protección debida» *(Derecho...,* cit., pág. 255).

114 Sobre esto y en este sentido v. KASKEL, *Arbeitsrecht,* 1925, pág. 150 y sigs.

115 «Esta fundamenta obligaciones de Derecho público del empleador cuyo cumplimiento está asegurado por la inspección de la autoridad y la coacción administrativa a la vez que su incumplimiento da lugar a sanciones penales».

116 «No cabe duda de que el obligado al servicio dispone de una acción de Derecho privado y de origen contractual para demandar el cumplimiento de tales obligaciones, reclamando, en su caso, la indemnización correspondiente».

117 De aquí que acertadamente se haya señalado la necesidad de diferenciar el deber de protección del empresario, de los deberes del mismo con respecto al seguro social, por cuanto éstos no surgen del derecho de poder *(Gewaltrecht)* del empresario, sino que son impuestos desde fuera por normas jurídico-públicas, siendo, por tanto, obligaciones que tienen exclusivamente este carácter. Las consecuencias no se hacen esperar: su incumplimiento no supone, en principio, una lesión contractual (v., en este sentido, SINZHEIMER, ob. cit., pág. 163, nota 3). Tales formulaciones no han perdido su vigencia con el paso del tiempo. La evolución hasta nuestros días y en nuestro Derecho del deber de SS bien puede

Ya observamos cómo GIERKE pone constantemente el acento sobre el elemento jurídico-personal del contrato, señalando que sus raíces se encuentran en el Derecho de personas *(Personenrecht)*: «El Derecho –decía– tiene que colocar en el centro la noción de la personalidad».[118]

El contrato de servicios actual fundamenta para el obligado al servicio derechos y deberes de naturaleza jurídico-personal que no se agotan en la prestación del servicio prometido[119]. El elemento jurídico-personal destaca asimismo de manera especial al concebir la naturaleza del contrato de trabajo como una relación obligatoria de tracto sucesivo. Este contrato crea una relación jurídico-personal entre el señor y el servidor que va más allá de las relaciones puramente obligatorias[120] y que se manifiesta asimismo en el momento de la terminación de la relación de servicio e incluso una vez finalizado el mismo[121].

La manifestación más importante por las implicaciones que habría de tener en su desarrollo, es la de que el contrato fundamenta siempre para GIERKE un deber personal de fidelidad *(eine persönliche Treuepflicht)*: «el obligado al servicio tiene un deber cuyo contenido personal es la lealtad al mismo», este deber surge sin necesidad de regulación especial, legal o contractual. De esta manera transforma GIERKE la fidelidad contractual contemplada con carácter general en el parágrafo 242 del BGB en una fidelidad personal en el servicio *(eine persönliche Diensttreue)*[122]. Esencial en este contexto es que esta lealtad al servicio la configura ya de modo plural y diferente según la distinta índole de la relación de trabajo, es decir, según los servicios que en su caso se contemplen y que en sustancia coincide en sus manifestaciones con la existente en los ordenamientos actuales[123].

Muy brevemente aborda GIERKE dos temas en la parte final de su ensayo de no poca relevancia para el futuro desarrollo evolutivo del Derecho del tra-

---

expresarse con ALONSO OLEA *(Derecho...*, cit., págs. 255 y 256) en un deber de protección reglado que califica de «ocasional», es decir, que tiene en el contrato de trabajo su ocasión, pero que «tiende a ser desplazado hacia organismos especializados pasando a segundo plano el empresario...», o bien, alguna manifestación del mismo, «puede ser asumida sin más por el Estado u otro ente público...».

118 Cit. por SINZHEIMER, *Otto von Gierkes...*, cit., pág. 404.

119 Comportamiento correcto, obediencia, e incluso comportamiento honesto fuera del servicio son algunas de las manifestaciones que recoge GIERKE.

120 *Dauernde Schuldverhältnisse*, cit., págs. 409 y 410; *Deutsches...*, cit., III, pág. 86 y sigs., y 590 y sigs.

121 Así, entre otros, señala los siguientes efectos: impedimento de resoluciones intempestivas salvo por causas importantes, protección para el trabajador enfermo en cuanto a la terminación del contrato, concesión de tiempo libre para la búsqueda de empleo y cláusulas restrictivas de la competencia.

122 El hecho de que esta lealtad al servicio no apareciese mencionada en el BGB, hizo que la doctrina entonces dominante desechase tal construcción (v. CROME, ob. cit., pág. 643; ENDEMANN, ob. cit., pág. 1088; LOTMAR, ob. cit., II, pág. 859 y siguientes).

123 Deber de comportarse con atención, de evitar daños, de prestar ayuda en caso de peligro y deber de secreto (v. también *Deutsches...*, cit., III, págs. 610 y 611).

bajo: los reglamentos de trabajo de empresa y los convenios colectivos que engloba bajo la denominación genérica de Derecho privado de las asociaciones (*privates Verbandsrecht*). Se trata de un derecho comunitario autónomamente producido, asimismo de origen alemán, manifestación concreta de la reivindicación de autonomía que de modo general hizo para la sociedad[124].

Respecto de los primeros[125], «rigen independientemente de la voluntad contractual en los ámbitos específicos de la relación contractual». Criticando a KOHLER, señala que «el dictado de tales reglas generales no constituye, naturalmente, un acto del Derecho público ni se convierte en tal por la participación de la autoridad...»; y remitiéndose al volumen I de su *Deutsches Privatrecht* indica que «lo único que existe es un acto privado de creación de normas legalmente autorizado».

Respecto a los segundos, cuyos fundamentos son cooperativistas, los caracteriza como contratos libres de Derecho privado celebrados entre trabajadores y empresarios o entre sus organizaciones respectivas, de naturaleza jurídico-obligatoria, quedando obligadas las asociaciones contrayentes, que dan lugar, por tanto, a acciones para su cumplimiento o indemnización. Mi-rando hacia el futuro, prevé la total consecución de la naturaleza normativa del convenio, al señalar que éste podría ejercer influencia directa en los contratos de trabajo futuros si se acordara darle la fuerza de un «estatuto autónomo».

A decir de SINZHEIMER[126], el reconocimiento del convenio como fuente del Derecho es algo que la doctrina alemana debe a la exposición de GIERKE sobre las «formas de creación autónoma del Derecho» que sirve de base a su *Geschichte der deutschen Genossenschaft*. Él ha comprendido el espíritu de la autonomía colectiva, no obstante haberse preocupado asimismo por sus fronteras. En uno de sus últimos escritos, *Der germanische Staatsgedanke*, en 1919, advierte de las consecuencias del crecimiento desmesurado de un poder autónomo *(die Selbstherrlichkeit der Sondergebilde)*, extrayendo así una importante conclusión: que el convenio colectivo no puede nunca reemplazar o sustituir en su totalidad al Derecho del trabajo, con lo que la ley estatal tiene necesariamente que fijar las relaciones jurídicas esenciales, especialmente en lo que afecta a su aspecto social.

***

«Si el estado de opinión era propicio a un viraje doctrinal, éste se acelera y hace necesario por la existencia, sobre todo tras la Primera Guerra Mundial, de una nueva problemática, en cuya solución entraban especialmente en crisis

---

124 V. SINZHEIMER, *Über einige Grundfragen des Arbeitstarifrechts*, 1929, en «Arbeitsrecht...», cit., I, pág. 264.

125 De indicar es que GIERKE hace aquí referencia a los reglamentos de empresa de carácter obligatorio *(Arbeitsordnung)* y no facultativo (la distinción puede verse en SINZHEIMER, *Grundzüge...*, cit., pág. 34).

126 *Otto von Gierkes...*, cit, pág. 405.

las ideas tradicionales que se habían montado en torno al contrato de trabajo»[127]. Parte de la doctrina vuelve a incidir sobre el tema de la vertiente personal del contrato de trabajo de evidente tradición histórica. Se pretendía, en definitiva, volver a las raíces históricas de carácter personal y social propias del Derecho germánico que estaban desvirtuadas debido a que el movimiento obrero había llevado a los trabajadores a mantener posiciones contrapuestas frente a los empresarios[128]. Tal pretensión, de la que se hará eco en mayor medida el nacionalsocialismo como se verá, se desarrolló a través de dos planos estrechamente conexionados: la relación entre trabajador y empresario, y la concepción de la empresa.

Sobre la base de las realizaciones de GIERKE, pronto se comienza a negar o impugnar el contrato de trabajo como uno de carácter puramente patrimonial y paralelamente a discutir su matiz jurídico-personal. La concepción del contrato de trabajo como *personenrechtliche Gemeinschaftsverhältnis* comienza a oponerse, no sin dificultades, pero también con cierto éxito, a su consideración como *Schuldverhältnis*[129]. Además, el carácter de tracto sucesivo de la relación obligatoria que había concebido y desarrollado GIERKE unido al aspecto personal del contrato, produce, como señala RODRÍGUEZ PIÑERO[130], en conexión con nuevas construcciones civilistas, que impulsan los elementos de la relación de confianza y de la prestación personal, el hecho de que «en la relación obligatoria de trabajo se daban precisamente tanto la nota de la prestación personalísima como, en especial, el carácter de duración, que hacen que la relación de confianza tenga especial acentuación en este caso». Pervive en esta época, por consiguiente, el espíritu germánico que preconizaba una vinculación personal entre las partes sujetos del contrato de trabajo y que, por tanto, no lo reducía a un mero intercambio entre trabajo y salario.

Probablemente el autor más influido por GIERKE haya sido POTTHOFF[131], por lo que conviene detenerse, aunque sea brevemente, en el mismo. Frente a la

127 RODRÍGUEZ PIÑERO, ob. cit., pág. 13; v. asimismo pág. 22.

128 En este sentido, v. RODRÍGUEZ PIÑERO, ob. cit., pág. 20.

129 MELSBACH afirma la existencia de estos elementos personales derivados del propio vínculo obligatorio; OERTMANN señala que la relación personal que se crea entre empresario y trabajador es semejante a la vinculación existente en el Derecho de familia, y RICHTER, probablemente el más cercano a la concepción de GIERKE, afirmando la conexión entre el Derecho del trabajo y el Derecho de personas, ubica aquél en el medio de éste y del Derecho patrimonial, al existir en su seno y en estrecha conexión, elementos personales y elementos patrimoniales (cit. por RODRÍGUEZ PIÑERO, ob. cit., pág. 20). Para JACOBI la relación de trabajo contiene asimismo un elemento personal de sujeción que hace que la relación se someta al Derecho de personas, si bien solo parcialmente. Existe para él una «relación jurídica de poder», «en la que se manda y se domina y en la que, dada la inseparatividad de la fuerza de trabajo, se somete la entera persona» (cit. por RODRÍGUEZ PINERO, ob. cit., páginas 29 y 30, y nota 67).

130 Ob. cit., pág. 21.

131 Señala RODRÍGUEZ PIÑERO que la influencia de GIERKE en POTTHOFF está generalmente reconocida por la doctrina (SIEBERT, NIKISCH, BAYÓN), «aunque en muchos aspectos se aparta de

concepción del contrato de trabajo fundamentalmente basada en una recíproca relación de deuda —y usando ya en 1912 la expresión *personenrechtlich*, como uno de los componentes esenciales del mismo[132]—, suscita la polémica en 1922 sobre si la relación de trabajo puede considerarse efectivamente como una relación de deuda[133], persiguiendo así y, en definitiva, como lo había hecho tiempo atrás, apartar el contrato de trabajo de la concepción jurídico-romana del contrato de servicios entendido como una relación obligatoria de carácter puramente jurídico-patrimonial. Persiguiendo lo que el propio POTTHOFF califica como el «destronamiento del contrato de trabajo»[134], opone a la postura «contractualista» que tanto había potenciado LOTMAR, la suya «relacionista»[135], o teoría de la incorporación[136].

Paralelamente se trata de conexionar, como posteriormente lo haría asimismo el nacionalsocialismo, trabajo con empresa. Invocando textualmente a GIERKE se reconocen las consecuencias del ingreso del trabajador en la empresa[137]. Vuelve así a tener actualidad la idea de GIERKE vertida en su ensayo sobre la misión social del Derecho privado[138] y repetida en el que aquí es objeto directo de comentario, de que el individuo se incorpora a una organización económica cuyo único titular es el empresario y a la que pertenece el

---

GIERKE, se basa en éste al calificar la relación de trabajo como relación de poder, en cuanto que la puesta a disposición en que se coloca el trabajador lo sitúa bajo el poder de mando del empleador» (ob. cit., pág. 26, nota 56).

132 *Probleme des Arbeitsrechts,* 1912, pág. 130 y sigs., cit. por BALLERSTEDT, *Probleme einer Dogmatik des Arbeitsrechts,* en «RdA», 1976, pág. 9, nota 18. Tal término, como se sabe, había sido ya empleado por GIERKE en su crítica al primer proyecto del BGB (ob. cit., pág. 191), en su misión social del Derecho privado (ob. cit., pág. 25), así como en el ensayo aquí objeto directo de comentario.

133 *Ist das Arbeitsverhältnis ein Schuldverhälrnis?,* en «Arbeitsrecht», 1922, pág. 268 y sigs.

134 V. RODRÍGUEZ PIÑERO, ob. cit., págs. 22 y 23.

135 Para POTTHOFF, señala BAYÓN CHACÓN, «la esencia de la relación de trabajo no está constituida por las prestaciones y contraprestaciones de las partes, sino por la posición del trabajador y del patrono en la empresa, que determinan una serie de situaciones que se entrecruzan hasta formar un todo complejo: la empresa. La posición del empresario o del trabajador no adquieren relieve jurídico frente a frente, sino en el campo de la empresa; no se intercambian valores patrimoniales, sino actividades personales unificadas en una misión de trabajo, y las partes, en realidad, no se preocupan del contrato, sino de salarios y condiciones de trabajo en una situación de hecho independiente de toda forma contractual. Se trata de una realidad social que adquiere una conformación personalizada y no obligacional, y por ello el Derecho del trabajo, junto con el de familia, podría integrar un Derecho personal» *(Grandeza...,* citado, pág. 25).

136 Denominación esta última que, como señala DE LA VILLA GIL, «conviene mejor a su naturaleza y contenido que el de teoría relacionista, aunque solo sea por la multivocidad de esta segunda expresión frente a la univocidad de la primera» *(Relaciones laborales de hecho,* en «RDT», núm. 47, pág. 71; sobre su diferenciación con la doctrina de la relación laboral de hecho, véanse págs. 72 y 73).

137 En este sentido, v. POTTHOFF, *Wesen und Ziele des Arbeitsrechts,* 1922, pág. 14; *Arbeitsrecht Das Ringen und werdendes Recht.* Leipzig, 1928, pág. 39; MOLITOR, ob. cit., página 85 y sigs.; SINZHEIMER, *Grunzüge...,* cit., pág. 18 y sigs.

138 *Die soziale...,* cit., pág. 40.

trabajador como miembro servidor *(dienende Glieder)*, o la con posterioridad en sustancia idéntica, de que la función del contrato de servicios supone la organización del trabajo a través de su encuadramiento en un conjunto de poder dirigido *(ein herrschaftlich geleitetes Ganzes)*[139]. Se acepta y se reconoce, por consiguiente, que en tal relación el trabajador interviene como persona, de manera que se introduce en la relación obligatoria no solo con su fuerza de trabajo, sino más profundamente con su propia persona, por lo que no puede existir una igualdad jurídica en su sentido ordinario[140]. La nota de la dependencia personal toma así especial relieve. Pero ésta no nace del propio acuerdo de voluntades que supone el contrato de trabajo, sino que surge a partir del momento en que aquel efectivamente se ejecuta[141].

La doctrina de la incardinación del trabajador en la empresa de esta época incide así fuertemente, todavía más, en la función del encuadramiento del contrato de trabajo *(Einordnungsfunktion)*, persiguiendo de esta manera una adaptación a la empresa *(betriebliche Einpassung)*, y obviando consiguientemente su función de cristalizar en una relación jurídica de cambio *(schuldrechtliche Austausfunktion)*[142]. En este contexto, POTTHOFF [143], no obstante su apoyo en GIERKE, va más allá de la posición mantenida por éste al negar al contrato de trabajo su carácter obligacional y ver solo en él una relación de trabajo cuya esencia

---

139 *Deutsches...*, cit., III, pág. 593. Señala DE LA VILLA GIL que «HEINZ POTTHOFF encuentra inicialmente el fundamento de la dependencia en el poder que otorga la posesión del capital, pero algunos años después en su más interesante obra, publicada en 1928, completa su idea reforzando la noción de *entrega* del trabajador al capitalismo» *(Apuntes sobre el concepto de trabajador en el Derecho español*, en «Cuadernos de la Cátedra de Derecho del Trabajo de la Facultad de Derecho de la Universidad de Valencia, núm. 4, diciembre 1972, pág. 8).

140 MOLITOR, ob. cit., pág. 85 y sigs.; POTTHOFF, *Wesen...*, citado, pág. 14; SINZHEIMER, *Grundzüge...*, cit., pág. 18 y sigs.

141 «Desde ahora comienza a atenderse especialmente al estado de realización, a la fase de ejecución del contrato. Ello da lugar a un proceso de distanciación del acto constitutivo contractual del desarrollo posterior del mismo, y con ello empieza a desaparecer la plena equiparación del contrato de trabajo y la relación de trabajo» (RODRÍGUEZ PIÑERO, ob. cit., páginas 9 y 10).

142 La teoría de la incardinación no es, como señala FABRICIUS *(Leistungsstörungen im Arbeitsverhältnis*, Tübingen, 1970, páginas 87 y 88), un desarrollo del moderno Derecho del trabajo. El Derecho común ya la conocía tanto en sus principios como en sus consecuencias. ENDEMANN había ya intentado a finales del siglo pasado una solución del problema del riesgo de empresa a través de la aplicación de la teoría de la incardinación *(Lehrbuch des bürgerlichen Rechis*, I, 9.ª ed., Berlín, 1903, pág. 1091). Apoyándose en MOMMSEN señala FABRICIUS que tal teoría acompaña al arrendamiento de servicios del Derecho común, que tiene su modelo histórico en el alquiler de esclavos. El arrendador de esclavos cumple con el contrato de alquiler, cuando pone a disposición del arrendatario la cosa alquilada, es decir, el esclavo. Consiguientemente el trabajador, que se obliga a prestar un servicio, conforme a la teoría de la incardinación, cumple, cuando pone a disposición del empresario su fuerza de trabajo. El arrendador del esclavo recibe a cambio la remuneración cuando ha puesto el esclavo a disposición del arrendatario. La misma consecuencia extrae NIKISCH para la relación de trabajo (ob. cit., pág. 88).

consiste en ser una relación organizativa total predominantemente social *(ganz vorwiegend soziales Organisatiosverhältnis)*[144]. A tal concepción se opuso la doctrina entonces dominante que de acuerdo con GIERKE afirmó y mantuvo la naturaleza obligacional del' contrato de trabajo, junto con el matiz jurídico-personal, al que se le dio, según criterios, mayor o menor significado[145].

Por lo que se refiere al deber de fidelidad, señala HUECK[146], que después de la primera Guerra Mundial, al ponerse fuertemente el acento en las relaciones personales de las partes, se habló, como lo hiciera GIERKE, del matiz jurídico-personal del que deriva un deber recíproco de fidelidad. Frente a posturas que lo consideraban como deber secundario o incluso que lo dejaban inconsiderado, HUECK[147] lo califica como deber principal, reflejando así el contenido personal de la fidelidad al servicio *(Dienstreue)*, pues se acepta, en definitiva, con GIERKE que la raíz del contrato de trabajo está en el contrato de servicio fiel del Derecho germánico con su núcleo jurídico-personal[148].

En otro orden de cosas, pero sin perder la relación con lo anterior, la evolución que a partir de 1914 comienza a experimentar el Derecho del trabajo es significativa, señala HUECK[149], en lo que se refiere al cambio de posición del trabajador en la empresa, oponiéndose así a la concepción del derecho del propietario como un derecho ilimitado que contemplaba el BGB influido en este aspecto por el Derecho romano, con lo que entraba de nuevo en escena la

---

143 *Ist das Arbeitsverhältnis...*, cit., pág. 275; *Arbeitsrecht...*, citado, pág. 24 y sigs., y 39 y sigs.

144 «En consecuencia, la relación de trabajo, aun partiendo de su origen contractual, deja de ser la pura relación patrimonial de cambio, al tener también un carácter organizatorio y social vinculando a los hombres a esa asociación de trabajo que es la empresa *(Betrieh)*, concebida como totalidad orgánica de miembros y no una simple yuxtaposición de trabajadores o de prestaciones de trabajo» (RODRÍGUEZ PIÑERO, ob. cit., página 24). Para POTTHOFF, la tarea principal del Derecho del trabajo no consiste en la regulación del intercambio entre trabajo y salario, sino en la organización y estructuración conjunta de una pluralidad de personas en la comunidad laboral de la empresa, lo que consiguientemente significa la consecución de una normativa adecuada en lugar de la mera concertación de prestaciones.

145 V., por todos, SINZHEIMER, quien criticando a POTTHOFF y tratando de esclarecer la cuestión, señala, reafirmando de nuevo su postura ecléctica, que el contrato de trabajo tiene sus raíces tanto en el derecho de obligaciones *(Schuldrecht)* como en el derecho de personas *(Personenrecht)* (ob. cit., pág. 119, nota 2).

146 En HUECK-NIPPERDEY, ob. cit., págs. 128 y 129.

147 *Handbuch des Arbeitsrechts*, 1922, pág. 104.

148 HUECK-NIPPERDEY, *Lehrbuch des Arbeitsrechts*, I, 2.ª ed., 1928, pág. 87. No obstante, como señala DE LA VILLA GIL, «la fidelidad no puede valorarse... como un valor caracterizador de toda la relación contractual de trabajo, tesis de los que creen que dicha relación evoluciona hacia una *Treueverhältnis* en la cual pierde fuerza la prestación de actividad, pasando a ser simplemente una *Konkretisierung* de la fidelidad. Para ello sería preciso que la base de la relación contractual de trabajo dejara su configuración, cambiara y adoptara otra asociativa» *(Los deberes éticos...*, cit., pág. 24).

149 *Grundiss des Arbeitsrechts*, 4.ª ed., Berlin-Frankfurt, 1968, páginas 11 y 12 (de la primera edición de este libro que data de 1960 existe traducción española por RODRÍGUEZ PIÑERO y DE LA VILLA GIL, quienes adjuntan notas de Derecho español: *Compendio de Derecho del Trabajo*, Edersa, Madrid, 1963); v. también RODRÍGUEZ PINERO, ob. cit., pág. 13.

función social de la propiedad que tanto había impulsado GIERKE, y debilitando asimismo la concepción liberal individualista que consideraba al trabajador individualmente y no contemplaba al personal de la empresa como un conjunto, todo lo que, debilitando el lema que alcanzó mayor pronunciamiento en el sector de la industria pesada del *«Herr im eigenen Hause»*, produjo como nota característica del Derecho del trabajo de esta época el poner fuertemente de relieve el pensamiento colectivo[150], despejando el horizonte hacia un derecho de participación de los trabajadores en la empresa.

Paralelamente surge también frente a la idea de la lucha de clases, aunque solo ocasionalmente y con pequeños efectos prácticos, la idea del destino comunitario *(Schicksalsgemeinschaft)* entre trabajadores y empresarios, de una comunidad laboral *(Arbeitsgemeinschaft)*[151], con lo que los trabajadores a través de sus comités de empresa no solo tenían por misión la defensa de sus intereses, sino también la cooperación con el empresario en el cumplimiento de los fines empresariales[152].

Después de la muerte de GIERKE, ocurrida en el otoño de 1921, comenzó a desarrollarse cada vez más, tanto doctrinal como jurisprudencialmente, la idea de que el elemento social integra el núcleo del derecho contractual del trabajo, con lo que la denominada «cuestión social» pasó todavía más a un primer plano [153]. Autores como SINZHEIMER, el más representativo en esto de todos ellos, comenzaron a calificar al Derecho del trabajo también como Derecho social *(Sozialrecht)*[154].

***

[150] Aquí comienza la época del Derecho colectivo del trabajo en opinión de NIKISCH (ob. cit., pág. 13).

[151] Fracasada, dice NIKISCH, por la desconfianza recíproca de trabajadores y empresarios y en parte quizá también por la ambigua posición de ciertos sectores empresariales (ob. cit., página 13). Criticada por la doctrina, la Jurisprudencia en sentencia de 6 de febrero de 1923, reconoce por primera vez la existencia de una comunidad social laboral y empresarial. Los argumentos de la sentencia de que el fruto de la empresa no puede ser más obtenido por el empresario solamente con su capital y medios de producción, sino en cooperación comunitaria con los trabajadores. Tales argumentos fueron calificados de incorrectos, no obstante lo cual continuó esta línea jurisprudencial que tenía su basamento jurídico en la noción de comunidad empresarial *(Betriebsgemeinschaft)*, puesta de relieve por GIERKE (v. KASKEL, *Arbeitsrecht*, 1925, pág. 90).

[152] V. HUECK-NIPPERDEY, *Grundriss...*, cit., págs. 12 y 13; SÖLLNER, *Arbeitsrecht*, 6.ª ed., 1978, pág. 23.

[153] V. POTTHOFF, *Wesen...*, cit., págs. 6 y sigs., y 16 y sigs.; GROCH, *Deutches Arbeitsrechts*, 1924, pág. 16.

[154] *Grundzüge...*, cit., pág. 8 y sigs., y 31 y sigs. En este tiempo se llama asimismo la atención sobre el hecho de que la incardinación en una organización económica puede tener formas variadas dependientes de la clase de empresa, del sistema empresarial y que entonces debe tenerse en cuenta cuando la incardinación y la subordinación deviene tan esencial que el elemento jurídico-personal influya sobre el ordenamiento jurídico, y, así, la armonía social en la empresa pueda imponerse como expresión de la primacía de la *Verbandstreue* sobre la *Vertragstreue*. Esto se acepta, basándose en GIERKE, cuando no se trata de una relación pasajera de prestación de servicios, sino de una relación de tracto sucesivo.

La muerte de GIERKE le impediría conocer la asunción por el nacionalsocialismo de buena parte del tradicional espíritu jurídico germánico que él había potenciado y desarrollado. Pues, en efecto, construyéndose el Derecho laboral nazi sobre la base del modelo político imperante[155] y asentándose sobre los principios de la comunidad popular *(Volksgemeinschaft)*, la armonía empresarial *(Betriebsverbundenheit)* y la idea de caudillaje *(Führergedanke)*[156], bien puede decirse con SUÁREZ GONZÁLEZ que lo esencialmente característico en este período histórico de Alemania es que «tuvo como doctrina jurídica oficial la del retorno al Derecho germánico, separándose cada vez más del Derecho romano»[157].

La norma jurídica fundamental inspiradora de los cambios que en el terreno jurídico-laboral introduce el nacionalsocialismo fue la Ley de ordenación del trabajo nacional *(Gesetz suz Ordnung der nationalen Arbeit)* de 20 de enero de 1934[158], mediante la cual las ideas comunitarias alcanzaron sus más altas cotas. Paralelamente la noción de comunidad empresarial *(Betriebsgemeinschaft)*, puesta de relieve por GIERKE, devino, por una parte, en el fundamento de la integración de cada uno en la comunidad, y, por otra, la propia comunidad empresarial se constituyó en miembro de la comunidad nacional. La extensión de la idea comunitaria a la relación de trabajo entre trabajador y empresario llegó a constituir un objetivo jurídico-político. «La idea comunitaria se eleva a idea central de la definición de la empresa»[159].

La creación del jefe de empresa *(Betriebsführer)*[160], la propia empresa concebida y entendida como comunidad supeditada a los idearios políticos del

---

155 V. NIKISCH, ob. cit., pág. 18. Señala RODRÍGUEZ PIÑERO que, «en la base de todo el sistema laboral que el nacional-socialismo quiere instaurar en Alemania se encuentra primeramente la posición antitética frente al liberalismo y a la «lucha de clases» que éste había dado por resultado. La transformación de un sistema basado, tanto en el plano individual como en el colectivo, en la contraposición de «trabajo y capital» por un nuevo sistema basado imperativamente en el principio comunitario, según el cual ambos factores se integraban en la idea superior de la producción y sobre todo en el supremo interés nacional...» (ob. cit., pág. 45).

156 BOBROWSKI-GAUL, *Das Arbeitsrecht im Betrieb*, 7.ª ed., I, Heidelberg, 1979.

157 «Y entonces —continúa el citado autor— en el deseo de reaccionar contra la fría construcción trabajo-precio, la cual había llegado a eliminar todo vínculo no estrictamente patrimonial y había empujado a empresarios y trabajadores a considerarse como enemigos —autores hay para los cuales la raíz de la lucha de clases está en el concepto romano de relación de trabajo entendida como contrato bilateral de exclusivo interés patrimonial— la doctrina alemana encuentra en el propio Derecho medieval una construcción que parece plenamente aplicable a las relaciones laborales...» *(El origen contractual de la relación jurídica de trabajo*, en «CPS», núm. 48, págs. 71-72).

158 El 23 de marzo del mismo año se promulgó la ley sobre la ordenación del trabajo en las administraciones y empresas públicas *(Gesetz zur Ordnung der Arbeit in öffentlichen Verwaltungen und Betrieben)*.

159 RODRÍGUEZ PIÑERO, ob. cit., pág. 46.

160 Figura que, como señala BAYÓN CHACÓN, «solo ha quedado mencionada, pero no construida en nuestro Derecho». *Grandeza...*, cit., pág. 40.

nacionalsocialismo y la expresa regulación del deber de fidelidad adaptado a la nueva situación, que, como indica BAYÓN CHACÓN[161], derivaba en parte de la construcción de EBEL y que usa HERBST[162] para enlazar este deber de fidelidad con el antiguo vínculo señorial, estando así presente en gran medida la línea preconizada por GIERKE, constituyen, entre otras, las notas más características de la Ley de 1934, que consecuentemente explica por un lado la prácticamente total desaparición del derecho colectivo del trabajo[163] —lo que produjo, señala NIKISCH, una pacificación externa de la vida laboral a costa de la pérdida de la libertad y autodeterminación de la clase obrera que, en expresión muy gráfica de éste, «se asemejaba a la tranquilidad de un cementerio»[164]—, y, por otro, un cierto reforzamiento del espíritu germánico en el derecho individual del trabajo, quedando relegado a un segundo plano el contrato de trabajo [165], quizá reflejo concreto esto del dato jurídico general de que, como observa BAYÓN CHACÓN, el nacionalsocialismo debilita grandemente la conexión del Derecho del trabajo con problemas jurídico-privados[166].

La evidente potenciación del espíritu jurídico germánico aparece asimismo en el proyecto de ley sobre la relación de trabajo de 1938 *(Entwurf eines Gesetzes über das Arbeitsverhältnis)*, que no llegó a cristalizar en ley, pero que tuvo considerable influencia práctica. Se basaba éste, en efecto, en la concepción de la relación de trabajo como una relación de carácter jurídico-personal de naturaleza comunitaria dominada por los principios de la fidelidad y de la protección[167].

Con todo, no existe, sin embargo, unanimidad sobre la trascendencia de las modificaciones que el nacionalsocialismo introdujo en el ámbito del derecho individual del trabajo[168]. Muy probablemente ello obedece a la toma de

---

161 Ob. cit., págs. 37 y 38, nota 59.

162 *Deutsches Arbeitsrechts*, 1935, pág. 181 y sigs.

163 Fundamentalmente, supresión de los sindicatos y creación en su lugar del frente del trabajo alemán *(deutsche Arbeitsfront)*, que agrupa en su seno a trabajadores y empresarios, sirviendo de base a la construcción renovada de la empresa como comunidad; sustitución de los convenios colectivos por ordenanzas estatales y sustitución de los comités de empresa por consejos de confianza *(Vertrauensräte)*.

164 Ob. cit., pág. 19.

165 «La Ley de 1934 no ataca de una forma directa el concepto de contrato de trabajo, pero de su lectura se deduce claramente el papel secundario que se le otorga. Aparte de la introducción de una serie de conceptos políticos nacionales, el fundamento en que esta ley se apoya, no es el concepto de contrato, sino el de empresa» (BAYÓN CHACÓN, ob. cit., pág. 37).

166 Ob. cit., págs. 19 y 20. La conclusión a la que a este respecto llega RODRÍGUEZ PIÑERO es que, «aun cuando no se impugna, en principio, el valor constitutivo del contrato de trabajo, la conceptuación de éste es bien diversa de la tradicional recogida del Derecho común, dándose además especial autonomía y relieve a la relación de ocupación» (ob. cit., pág. 50).

167 V., en este sentido, HUECK-NIPPERDEY, *Grundriss...*, cit., página 17.

168 Para HUECK y ZÖLLNER, no se produjeron modificaciones importantes *(Grundriss...*, cit., pág. 17; *Arbeitsrecht*, 7.ª ed., München, 1979, pág. 29, respectivamente). Para SÖLLNER, los cambios no fueron externos, en efecto, pero sí internos *(Arbeitsrecht...*, cit., pág. 25, nota 33, en donde cita algunos autores que se han ocupado de estudiar el cambio interno en esta época).

postura y consiguiente valoración de si la etapa anterior al nacionalsocialismo, en el ámbito del contrato de trabajo estaba o no ya impregnada de elementos jurídicos germánicos y que el nazismo hizo resurgir, simplemente asumió, o a la vez los potenció y reforzó. Si lo cierto es, sin embargo, que en su conjunto se prosiguió fundamentalmente en la línea desarrollada en la etapa anterior, ante todo en lo que afecta al desarrollo y perfeccionamiento de mejoras sociales diversas y de los deberes derivados del genérico deber de protección empresarial y del deber de fidelidad del trabajador[169], resulta, por consiguiente, que, y al contrario de lo ocurrido en la esfera del derecho colectivo del trabajo, no puede hablarse aquí con propiedad de un resurgir del espíritu germánico, sino más exactamente de un reforzamiento en su implantación o de una potenciación en su desarrollo, mayor o menor según los casos y manifestaciones, de las ideas y principios del Derecho germánico ya existentes y asumidas por el Derecho alemán contemporáneo con anterioridad a la irrupción del nacionalsocialismo, con lo que en definitiva y en el ámbito que ahora se contempla, puede decirse que el nacionalsocialismo incorpora a su modelo político y jurídico el espíritu germánico tan querido a GIERKE, pero que no da un salto histórico hacia atrás sin continuidad temporal, sino que prosigue en buena medida el camino, solidificándolo, de la etapa anterior.

Doctrinalmente, y téngase en cuenta lo que ahora se va a decir en relación con lo inmediatamente expuesto, el advenimiento del nacionalsocialismo se encuentra con la polémica iniciada años atrás entre «contractualistas» y «relacionistas», tomando claro partido por las teorías relacionistas, lo que jurídicamente se enlaza con la concepción nazi de la empresa[170].

La teoría de la incardinación alcanza una versión específica y radical con el nacionalsocialismo que desborda incluso los planteamientos de POTTHOFF y MOLITOR, a través de la idea paralela asimismo radicalizada de la comunidad empresarial *(Betriebsgemeinschaft)*, noción de origen germánico que había sido desarrollada ya con anterioridad por la Jurisprudencia y que los nazis hicieron suya[171]. A esta comunidad empresarial están sometidos por igual trabajadores y empresario con una misión común: el aumento de la productividad, lo que implica la armonización de intereses entre las partes implicadas en el proceso productivo y no su antagonismo. La relación de trabajo deviene así —potenciándose de nuevo el espíritu germánico— en una relación comunitaria *(Gemeinschaftsverhältnis)*[172].

---

169 Así, HUECK (ob. cit., pág. 17) y ZÖLLNER (ob. cit., página 29).

170 Sobre esto, v. SUÁREZ GONZÁLEZ, ob. cit., págs. 75 y 76; RODRÍGUEZ PIÑERO, ob. cit., pág. 44 y sigs.

171 V. NIKISCH, ob. cit., pág. 19.

172 Al titular de la empresa «se le considera más como un trabajador matizado por su especial posición jerárquica de dirigente o «Führer» de la empresa, que como parte de una relación contractual. Su relación con el trabajador se concibe no como relación patrimonial, sino personal, teniendo por contenido un deber de fidelidad que vincula a ambas partes, y el deber personal del trabajador de prestar trabajo. Entre las partes, se

De la doctrina de esta época es de destacar sobre todos a SIEBERT, quien desarrolla y perfecciona la teoría relacionista de POTTHOFF, basando así su construcción jurídico-laboral en la relación de trabajo en detrimento del contrato de trabajo, y la fundamentación de aquélla en la empresa entendida como comunidad[173]. Claramente se encuentran tales posiciones[174] impregnadas del espíritu jurídico germánico: la relación de trabajo tipificada por el vínculo de *fidelidad,* su fundamento ético, deviene así en una relación jurídica de *naturaleza personal,* punto éste que en sustancia se remonta a GIERKE que, apartándose o, más exactamente, contraponiéndose[175] a las concepciones jurídico-patrimoniales, se asemeja a las relaciones del *Derecho de familia;* su fundamento capital lo constituye la empresa entendida como *comunidad,* cuya esencia está en el «orden concreto» de la misma[176], dentro del cual se inordina aquella relación. De esta manera no se está ya tanto ante el «trabajador», como ante la persona que deviene miembro de la *Gefolschaft,* expresión que significa séquito del señor feudal, y con la que ahora se trata de caracterizar extravagantemente al personal de la empresa; miembro el trabajador, en definitiva, de ésta *(Gefolgsman)*[177], entendida como comunidad y, por consiguiente, como «comunidad total con un jefe y un séquito cuya norma jurídica es como un Derecho de familia» [178].

***

El nuevo Derecho del trabajo que surge después del período nazi, aunque sin conseguir desprenderse totalmente de la concepción jurídica existente en éste, trata de conexionar con el derecho anterior a 1933, si bien reformándolo y readaptándolo al momento actual, caminando, en definitiva, hacia la reconstrucción de un derecho del trabajo democrático.

La renovación del derecho colectivo fue prácticamente total con la vuelta de los sindicatos y asociaciones empresariales y, consiguientemente, de la negociación y de las medidas de presión colectiva.

Por lo que respecta al derecho individual la polémica entre «contractualistas» y «relacionistas» disminuye considerablemente al produ-

---

dice, no existen posiciones contrapuestas, sino que persiguen un objeto común en el seno de la empresa, organizada jerárquicamente, cuyo jefe es el empleador» (RODRÍGUEZ PIÑERO, ob. cit., pág. 46).

173 V. fundamentalmente: *Betriehsgemeischaft und Arbeitsverhätlnis,* en «DAR», 1935, pág. 381 y sigs.; *Das Arbeitsverhältnis in der Ordnung der nationalem Arbeit,* 1935; en colaboración con REUSS, *Die konkrete Ordnung des Betriebes,* 1941. Sobre la obra científica de SIEBERT, V. DE LA VILLA GIL, *In memoriam: Wolfgang Siebert,* en «CPS», núm. 43, pág. 133 y siguientes.

174 Un resumen sobre lo esencial de las posiciones de SIEBERT puede verse en BAYÓN CHACÓN, ob. cit., pág. 38 y sigs.; RODRÍGUEZ PIÑERO, ob. cit., pág. 51 y sigs. Sobre la cronología de su obra y su relevancia científica, v. DE LA VILLA GIL, ob. cit., pág. cit.

175 RODRÍGUEZ PIÑERO, ob. cit., pág. 52.

176 En este punto, indica BAYÓN CHACÓN, toma SIEBERT conceptos provenientes de CARL SCHMITT y no tan claros, pero asimismo evidentes de HARIOU (ob. cit., pág. 39).

177 V. RODRÍGUEZ PINERO, ob. cit., pág. 47 y sigs.

178 BAYÓN CHACÓN, ob. cit., pág. 38.

cirse un progresivo acercamiento doctrinal de las posiciones contrapuestas[179]. En lo que aquí interesa, es de destacar con RODRÍGUEZ PIÑERO[180] que, «en general, la mayoría de la doctrina ,aun adoptando una clara postura contractualista, señalan los aspectos eminentemente personales y comunitarios de la relación de trabajo y se alejan notablemente del contractualismo externo y de su construcción meramente individualista y patrimonialista de la relación de trabajo. Puede hablarse así de un *nuevo contractualismo* en el que se subraya la existencia de vínculos personales en la relación de trabajo, en la que la propia persona del trabajador se encuentra comprometida, su vida y su personalidad». Esta síntesis que, en definitiva, se pretende lograr entre contacto y relación de trabajo ya había sido vislumbrada por GIERKE. Abandonándose en el ámbito del derecho individual los maximalismos típicos y consustanciales al derecho nacionalsocialista, en definitiva, las interpretaciones radicales de la etapa anterior, no se abandona, sin embargo, el espíritu jurídico germánico en el que aquel se había basado.

La concepción de la relación de trabajo como una relación comunitaria de carácter jurídico-personal *(personenrechtliches Gemeinschaftsverhältnis),* no se modificó en exceso después de la segunda Guerra Mundial. Si bien hubo opiniones en contra por cuanto tal concepción, se decía, reflejaba el ideario nazi[181], la mayoría de la doctrina de entonces, apoyándose en las constataciones de GIERKE, reconoció que la esencia del contrato de trabajo como relación comunitaria de carácter jurídico personal lejos de ser un concepto nazi, había surgido históricamente del contrato de servicio fiel del Derecho germánico[182]. Con seguridad ha sido HUECK[183] quien ha puesto mayor esfuerzo en mantener tal postura. En contraposición a la concepción del liberalismo, señala que el contrato de trabajo es un contrato jurídico-personal *(personenrechtlicher Vertrag),* y la relación de trabajo una relación jurídico-personal *(personenrechtliches Verhältnis),* dominada por el principio de la fidelidad recíproca; como consecuencia de esta fidelidad, lazo de unión para ambas partes, la relación de

---

179 Sobre esto, DE LA VILLA GIL, *Relaciones laborales,* ob. cit., págs. 70 y 71; V. RODRÍGUEZ PIÑERO, ob. cit., pág., 75 y siguientes. El mismo SIEBERT adopta un cambio de orientación, como señala DE LA VILLA GIL, al publicar en 1949 su ensayo, *Die Abgrenzung Zwischen Arbeitsverhältnis und Selbständigen Dienstvertrag;* (en «BB», núms. 35-36, pág. 746 y sigs.). SIEBERT, «acabará, hasta sus últimos momentos, defendiendo una postura marcadamente contractualista, siquiera se pretendiera paliar la brusquedad del cambio con matices personalistas» *(In memoriam...,* ob. cit., pág. 137).

180 Ob. cit., pág. 78.

181 En este sentido v. NEUMANN, *Das Arbeitsrecht in der modernen Gesellsachagt,* en «RdA», 1951, pág. 2 y sigs. Más recientemente WOLF E., *Das Arbeitsverhältnis. Personerechtliches Gemeinschaftsverhältnis oder Schuldverhältnis,* Marburg, 1970, pág. 57 y sigs.

182 MOLITOR, *Privatrecht und öffentliches Recht im Arbeitsrecht,* pág. 441, «RdA», 1951, pág. 255; NIKISCH, ob. cit., páginas 162 y 168; DERSCH, *Entwicklungstendenzen in Arbeitsrecht unter Abweichung von bürgerlichen Recht,* en «RdA», 1958; HUECK-NIPPERDEY, *Lehrbuch...,* I, cit., pág. 163.

183 V., *Treugendanke in modernen Privatrecht,* München, 1947; HUECK-NIPPRDEY, ob. cit., págs. 28, 128 y sigs.; *Grundriss...,* cit. pág. 43 y sig.

trabajo deviene en una relación comunitaria *(Gemeinschaftsverhältnis)*. El contrato de trabajo supone, por consiguiente, un contrato establecido asimismo sobre una comunidad, «que tiene su paralelo no en la compraventa *(Kauf)*, ni en el arrendamiento *(locatio conductio operarum y locatio conductio rei)* como suponían el Derecho romano o el Derecho común, sino en un contrato de sociedad *(Gesellschaftsvertrag)*.

La concepción de la relación de trabajo como relación comunitaria de carácter jurídico-personal, pone de manifiesto para HUECK, cómo aquélla no se agota en un mero cambio entre trabajo y salario, sino que origina asimismo una estrecha relación personal de la que resultan deberes jurídicos para ambas partes. Para el trabajador un deber de fidelidad —separado totalmente de la obligación patrimonial de ejecutar el trabajo conforme a la buena fe, no estando, por tanto, comprendido en el significado originario del parágrafo 242 del BGB, con lo que es manifiesto el valor de las opiniones de GIERKE—, que consiste en una fuerte toma de postura *(Einsatz)* por los intereses del empresario y de su empresa; para el empresario, un deber de protección y asistencia al trabajador, cuya raíz se encuentra asimismo, como ya había señalado DERSCH[184], en los principios de protección social, recogiéndose así plenamente la conocida posición de GIERKE, conforme a la cual de la idea de la protección social y del carácter jurídico-personal de la relación comunitaria es de donde nace ciertamente el deber de protección y asistencia, perviviendo así de alguna manera el antiguo deber de señorío del Derecho germánico.

La caracterización de la relación de trabajo como una relación comunitaria[185] de carácter jurídico-personal ha sido y sigue siendo en la actualidad objeto de abundantes críticas por un amplio sector doctrinal. Paralelamente, las críticas se extienden a los deberes recíprocos de lealtad y fidelidad que aquella relación conlleva[186]. A manera de ejemplo y aparte de la crítica general de la oscuridad, imprecisión e inseguridad de tales nociones[187], se señala que la relación de trabajo se agota en una pura relación obligacional[188], y se le niega, por lo tanto, el carácter *supra* indicado; se niega además el matiz jurídico-personal, porque toda relación jurídica tiene ya en cuenta de alguna mane-

---

184 *Entwicklunglinien der Fürsorgepflicht des Arbeitsgebers im Arbeitsverhältnis*, en «RdA», 1949, pág. 325 y siguientes.

185 Concepto no desechado por la Jurisprudencia al seguir haciendo uso del mismo como indica RÜTHERS, B., *Arbettsrecht und politisches System*. Frankfurt, 1973, pág. 53; v. tambien a HANAU-ADOMEIT, *Arbeitsrecht*. I, 3.ª ed., págs. 132 y 133.

186 V. a este respecto, posiciones críticas sobre los deberes de fidelidad y protección en, FABRICIUS, ob. cit., págs. 27 y 28; SCHWERDTNER, *Fürsorgetheorie und Entgeltheorie im Recht der Arbeitsbedingungen*, en «Lbbandlungen zum Arbeits-und Wirtschaftsrecht», Heidelberg, 1969, pág. 25; *Fürsorge-und Treuepflichten in Gefüge des Arbeitsverhältnisses, oder: vom Sinn und Unsinn einer Kodifikation des allgemeinen Arbeitsvertragrechts*, en «ZFA», 1979, núm. 1, págs. 1 a 43; WOLF, ob. cit., pág. 29.

187 WIEDEMANN, *Das Arbeitsverhältnis als Austausch-und Gemeinschaftsverhältnis*, Karlsruhe, 1966, pág. 15 y sigs. Y pág. 36; v. también HANAU-ADOMEIT, ob. cit., pág. 133.

188 WOLF, ob. cit., pág. 89; SCHWERDTNER, *Fürsogtheorie...*, cit., pág. 25.

ra la personalidad del ser humano[189]; falta la necesaria igualdad de intereses entre empresario y trabajador[190], en el sentido de que tales nociones si son muy acentuadas pueden encubrir la disparidad de interés existente en la relación de trabajo en favor de una armonía de intereses alejada de la realidad[191].

La concepción de la relación de trabajo como una relación comunitaria de carácter jurídico-personal ha llevado, por otra parte, a sus contradictores a hablar del paso del contrato al *status:* el Derecho del trabajo se concibe así como medio instrumental de «refeudalización» *(Refeudalisierung)*[192], o incluso de que tal fenómeno supone el medio de la expresión de la doctrina imperialista de la *Sozialpartnerschaft*[193], o de que tal concepción supone negar a la relación de trabajo su carácter de relación jurídica para colocar en su lugar una relación muy fuerte de dominio[194], o, finalmente, que aun reconociendo, en definitiva, que en la relación de trabajo hay algo más que un mero cambio de trabajo por salario, que también obliga a las partes a la lealtad y a la protección, y, asimismo, que el trabajador, en base a un componente organizativo, está sometido al poder directivo del empresario, pero que esto no supone estar ante una relación comunitaria *(Gemeinschaftsverhältnis)*[195].

Las críticas doctrinales han alcanzado asimismo y directamente al propio GIERKE. Frente a la concepción individualista opuso GIERKE, como se vio, la concepción comunitaria que caracteriza al Derecho alemán, lo que, como señala ALONSO OLEA[196], ocasionó las críticas de MAX WEBER, «simplista y poco explicativa», y de TÖNNIES, quien, «aun aceptándola, reputó equívoca en GIERKE al encubrir una defensa precisamente de los «restos del derecho feudal» refugiados en la relación de servicio entre el noble y sus servidores»; pues, en efecto, señala asimismo ALONSO OLEA[197], las estructuras jurídicas germánicas, las anglosajonas incluidas[198], «se caracterizan, mucho más que por su supuesto «comunitarismo», por el modo como exasperan las relaciones de subordinación y obediencia de unos hombres respecto de otros, que son las que en el fondo caracterizan el *Treudiensvertrag,* como corresponde a su origen en relaciones de

189 V. MAURIDIS, *Eingliederungstheorie, Vertragstheorie und Gemeinschaftsverhältnis,* en «RdÄ», 1956, pág. 445; WOLF, ob. cit., págs. 61 y 82 y sigs.

190 FAHRTMAN, *Der personnenrechtliche Charakter des Arbeitsverhältnisses,* en «RdA», 1960, pág. 6; SCHWERDTNER, ob. cit., página 56.

191 RÜTHERS, ob. cit., pág. 53. Sobre la semejanzas en este punto con el sistema jurídico de la República Democrática Alemana, v. pág. 54 y sig.

192 UNTERSEHER LUTZ, *Arbeitsvertrag und innerbetriebliche Herrschaft. Eine historische Untersuchung.* Frankfurt, 1969, página 79 y sig.

193 PREMBLER, M., *Arbeiterrechte in der BRD.* Berlín, 1975, página 170 y sig.

194 WOLF, ob. cit., pág. 32.

195 FABRICIUS, ob. cit., pág. 28; v. también BALLERSTEDT, ob. cit., pág. 9.

196 *De la servidumbre...,* cit., pág. 107.

197 *Una nota sobre el espíritu del pueblo.* Separata de «Anales del CUNEF», 1980-81, pág. 17.

198 A las que también se refiere GIERKE, aunque muy brevemente, en el ensayo que se comenta.

vasallaje feudal, frente a la igualdad jurídica implícita de las partes en la concepción romana de las locaciones, las de servicios incluidas, como contratos de cambio».

Así BALLERSTEDT, remontándose a la construcción de GIERKE sobre el contrato de servicio fiel, señala, a modo de ejemplo, que ciertamente es difícil de entender que es lo que puedan tener en común el contrato entre el señor feudal y el miembro de su séquito con la contratación, por ejemplo, de un trabajador que realiza trabajos de fundición[199]; HANAU y ADOMEIT, por su parte, señalan el anacronismo que supondría recurrir en la actualidad al derecho del servicio doméstico y al contrato de servicio fiel como lo hiciera GIERKE, pues sería ciertamente anacrónico traer a colación la sencillez y la intimidad de las relaciones de servicio pre-industriales para solucionar los modernos problemas de clase[200]. Ni «*personenrechtlich*», ni «*Gemeinschaftsverhältnis*» tienen un lugar seguro en el ordenamiento jurídico[201]. Se ha señalado asimismo[202] que GIERKE mantuvo la postura de que en la relación jurídico-personal entre empresario y trabajador se da una relación sujeto-objeto y que esto incide negativamente en la moderna relación de trabajo.

***

El significado histórico de GIERKE, dice SINZHEIMER, se encuentra en la lucha que emprende contra el dominio exclusivo de las ideas romanas, lucha que le conduce a la creencia en la existencia de «un espíritu jurídico especial germánico», cuya particularidad trata de indagar, describir y obtener[203].

Su creencia en este espíritu jurídico especial o, lo que es lo mismo, el hecho de que GIERKE sea, ante todo, un germanista, como el propio BRUNNER a quien GIERKE le dedica este ensayo, o, dicho de otra manera, un antirromanista como asimismo lo fue HEGEL[204] es quizás, lo que le ha llevado a prejuzgar[205] toda su construcción jurídica. Pero, como señala ALONSO OLEA[206], mientras que HEGEL, a pesar de su antirromanismo, descansa al fin y al cabo en las viejas locaciones romanas, obviando así el peligro a que le hubiese conducido el apartamiento de las mismas, de caer en una dinámica contractual de sumisión personal que, ya históricamente, nunca ha conseguido armonizar con la idea de la libertad, GIERKE, por el contrario aferrándose ciegamente a su germanismo realiza, «un esfuerzo épico por eliminar la *locatio operarum* romana del origen del contrato de trabajo sustituyéndola por el *Treudienstvertrag*

199 Ob. cit., pág. 9.

200 Ob. cit., pág. 131. Expresivamente señalan estos autores: *Ob es wirklich die Gutsherrin gegeben bat, dia am Bett der kranken Kätnerin bis zum Morgengrauen wachte, ist tiberdies nicht mehr zu ermitteln.*

201 Ob. cit., pág. 133.

202 SCHWERDTNER, ob. cit., pág. 40; WOLF, ob. cit., pág. 61 y siguientes.

203 *Otto von Gierkes...*, cit. pág. 402.

204 Sobre la postura hegeliana v. ALONSO OLEA, ob. cit., páginas 16 y 21 sigs.

205 V. en este sentido ALONSO OLEA, ob. cit., pág. 16.

206 *De la servidumbre...*, cit. pág. 124.

germánico»[207], todo lo que le lleva a una construcción jurídica, que, aun sin pretenderlo, dañaría seriamente el elemento esencial que está en la base de la configuración dogmática del contrato: la libertad; porque, como señala ALONSO OLEA[208], asimismo respecto al ensayo que aquí se comenta, «aunque comience diciéndonos que 'el trabajo se nos presenta (hoy) como actividad de la personalidad libre' como quiera que 'el modelo de la *relación de servicio fiel'* implica que 'el trabajo es *emanación inseparable* de la personalidad' —¿qué sostén podría, de otro modo, encontrar la fidelidad?—, inescapable-mente se ve forzado a afirmar que el trabajador 'con la oferta de la prestación de servicios *entrega una parte de su personalidad'*».

Muy probablemente el origen de tales contradicciones, no vencidas por GIERKE, estuvo en ubicar aquellas relaciones jurídicas en las que para él estaba la raíz del contrato de servicios, dentro del Derecho de personas y no del Derecho de obligaciones. Tal anacronismo[209] imprimió un carácter de falta de libertad al contrato de servicios del que a duras penas se pudo librar, así como incluso contemporáneamente al propio contrato de trabajo como lo demuestran los titubeos, opiniones encontradas y disparidad de criterios todavía existentes en la doctrina y jurisprudencia alemanas.

Bien puede así decirse en este ámbito, que el Derecho germánico ha llevado a GIERKE a posiciones en el fondo muy semejantes a las que él mismo desechó al contemplar el Derecho romano. Si como él nos dice al final de su ensayo, «el origen de la *locatio conductio operarum* en el arrendamiento de esclavos, imprimió también al trabajo libre el sello de la falta de libertad», no es menos cierto, y la aplicación histórica anterior y posterior a GIERKE así lo confirma, que el hecho de situar el origen del contrato de servicios en el contrato de servicio fiel y en el arrendamiento de servicios domésticos imprimió en el contrato asimismo el sello de la falta de libertad. Si el Derecho romano «cosifica» tanto el trabajo de la persona hasta olvidarse de la misma, el Derecho germánico «personaliza» tanto la actividad, que la persona, semiconfundiéndose con aquélla, acaba por «cosificarse».

No obstante sus huellas germánicas, y salvo algún período histórico aislado como se vio, el contrato de servicios del Derecho alemán conservó su ascendencia romana llegando así hasta nuestros días. El actual derecho contractual del trabajo tiene influencias jurídicas tanto romanas como germánicas[210].

A pesar de lo dicho, ciertamente no cabe duda de que la posición adoptada por GIERKE ha influido, aunque no sin reservas como se ha visto, en la doctrina laboralista alemana sin que aún hoy en día se hayan apagado total-

207 ALONSO OLEA, *Una nota...*, cit., pág. 16.

208 *De la servidumbre...*, cit., págs. 124 y 125.

209 Así lo califica ALONSO OLEA (ob. cit., pág. 129); y también HANAU-ADOMEIT desde perspectivas semejantes (ob. cit., página 131).

210 HUECK-NIPPERDEY, *Lehrbuch*, 7.ª ed., cit., págs. 6 y sig.; BOBROSWKI-GAUL, ob. cit., pág. 3.

mente sus ecos. Además, ejemplos tomados de la experiencia laboral tales como que el dato comunitario de la empresa puede transformar exigencias acostumbradas en deberes jurídicos, que el cumplimiento de la prestación viene modalizado tanto por el contrato de trabajo como por el orden existente en la empresa a la que el trabajador ya pertenece o se incorpora; la existencia y consideración tan especial de los deberes típicos de fidelidad, además del deber de prestar trabajo por parte del trabajador, y protección, además del deber de pago del salario por parte del empresario; la prestación de trabajo extraordinario en caso de urgencia o necesidad; la configuración de la responsabilidad en trabajos propensos al riesgo o a la deficiencia; la función en cierto modo de armonización de intereses de los comités de empresa, y en general de pacificación laboral de los representantes de los trabajadores con el empresario; el especial cuidado en la elaboración de la teoría de la paz laboral; las limitaciones a las medidas de conflictos colectivos; el especial arraigo de la congestión; o la separación conceptual entre contrato de trabajo y relación de trabajo, muestran que la noción «gierkiana» de la relación-jurídico-personal de carácter comunitario basada en el derecho germánico y su concepción de la empresa, y en general, su idea del Derecho social frente a la concepción iusprivatista[211], no pasan totalmente desapercibidas en el Derecho del trabajo individual y colectivo actual, hasta el punto de que bien puede decirse que precisamente en la especialidad de estas matizaciones y elaboraciones se diferencia hoy en día el Derecho alemán de otros derechos y que cuando se analizan los fundamentos y consecuencias jurídicas en cualquiera de estos ámbitos, afloran sin excesiva dificultad las elaboraciones de GIERKE sobre el Derecho germánico.

Lo que probablemente y desde una perspectiva general ha dejado GIERKE y con él el Derecho germánico como legado, en el Derecho alemán actual, es, fundamentalmente, la acentuación del elemento personal en el contrato de trabajo al lado del patrimonial, tratando siempre de no desligar trabajo y persona que lo ejecuta, impidiendo así abrirse paso a la concepción del trabajo como mercancía[212], y un cierto espíritu comunitario en la empresa frente al capitalismo liberal, sin que a su vez implique que el trabajador y empresario pasen de ser *«sozialen Gegenspielern»* a *«Sozialpartnern»*[213], es decir, sin que

---

211 V. SINZHEIMER, *Der Sozialpolitiker Karl Flesch und seine literarischwissenschaftliche Tätigkeit*, 1915. En, «Arbeitsrecht...», cit. I, pág. 384; *Franz Kleim zu seinem 70. Geburtstage*, 1924. En ob. cit., I, pág. 395.

212 Con lo que en efecto se hace tránsito a la relación laboral moderna; pues, en efecto, como señala DE LA VILLA GIL, «la relación contractual de trabajo... no puede ser entendida ni como una relación obligatoria típica —caracterizada por el significado primario del deber de prestación—, ni como una relación personal de carácter social —definida por la afección total de la persona al cumplimiento de la obligación—, sino como una relación en la que junto al cumplimiento de prestaciones, se exigen ciertos deberes de conducta —*Verhaltenspflichten*— que están... debidamente delimitados». *(Los deberes éticos...*, cit., pág. 25).

213 Así, no obstante, HUECK-NIPPERDEY, *Grundriss...*, cit., página 24.

suponga estar ante una armonización de intereses, punto éste sobre el que GIERKE distinguió muy claramente como se vio, sino más bien a lo que se expresa con palabras actuales como una comunidad de riesgos *(Gefahrengemeinsschaft)*.

Bien puede acabarse este comentario crítico con un pensamiento de HEGEL que sirva para iluminar en su contexto general lo positivo y lo negativo, lo de avance o de retroceso que el Derecho germánico de la mano principalmente de GIERKE, pudo o haya podido tener en la historia de las ideas jurídicas del pueblo alemán: «la legislación, ni en general ni en sus preceptos particulares, debe ser contemplada como algo aislado y abstracto... sino en conexión con los demás factores que constituyen el carácter de una nación y de una era»; no obstante, no debe caerse en la exageración, por lo que de error pueda tener, de «estirar la explicación histórica para convertirla en justificación absolutamente válida... (pues) ...se pueden mostrar normas enteramente fundadas en, y completamente conformes con, las circunstancias, que son por completo erróneas e irracionales en su carácter esencial»[214].

[214] Cit. por ALONSO OLEA, *Una nota...*, cit., pág. 16.

LAS RAÍCES DEL CONTRATO DE SERVICIOS,
de OTTO VON GIERKE, se imprimió
en la República Argentina en julio de 2020.

Made in the USA
Monee, IL
18 October 2026

66035486R00049